「天地の対話」シリーズ 2

アセンションから リセット・リスタートへ

〈天地の対話〉による10年間の挑戦

サラ・プロジェクト代表
三上直子

ナチュラルスピリット

【図1】地球圏の仕組み

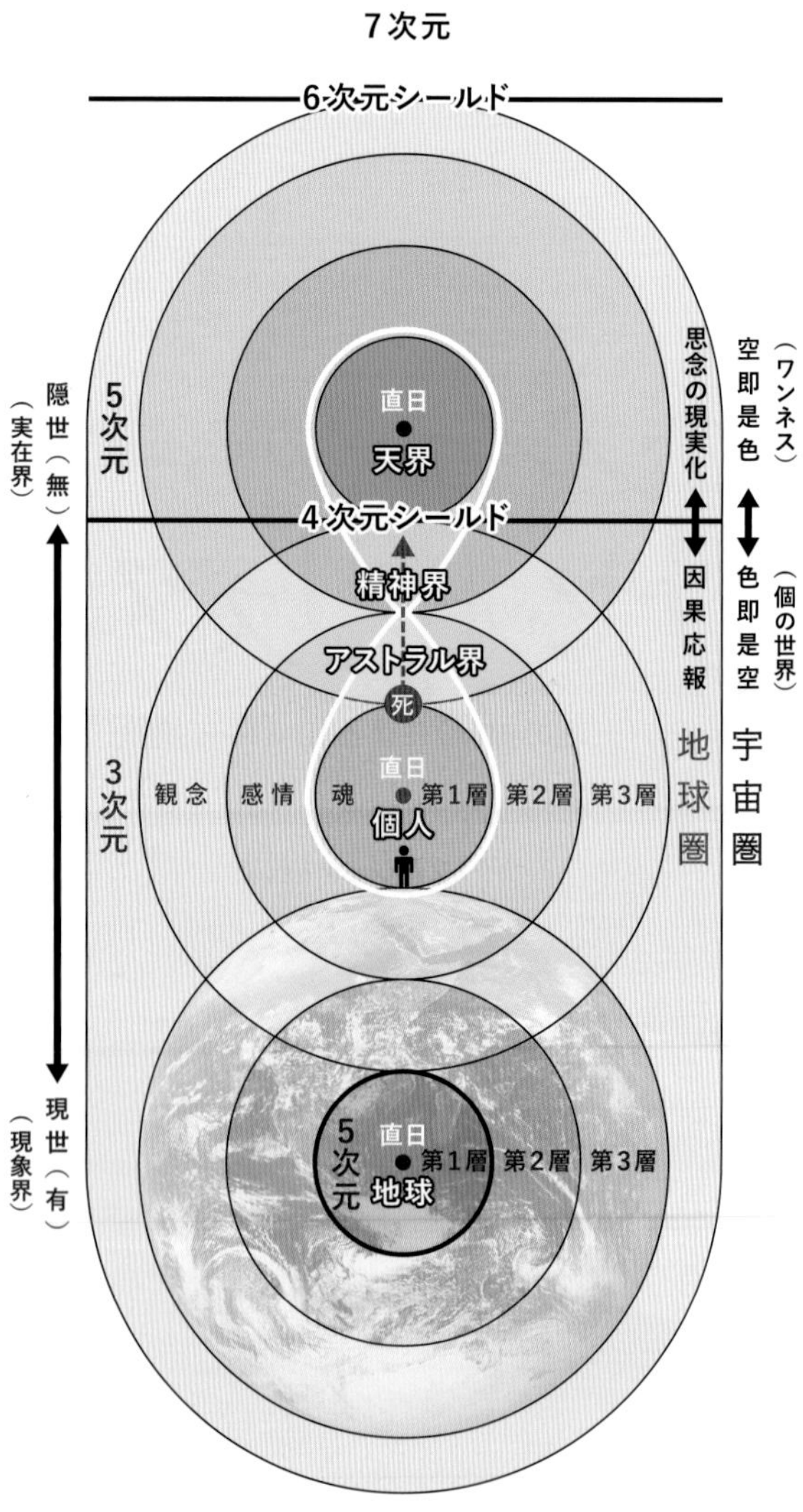

（2017年12月16日 No.1）

【図2】地球ゲームの特殊構造

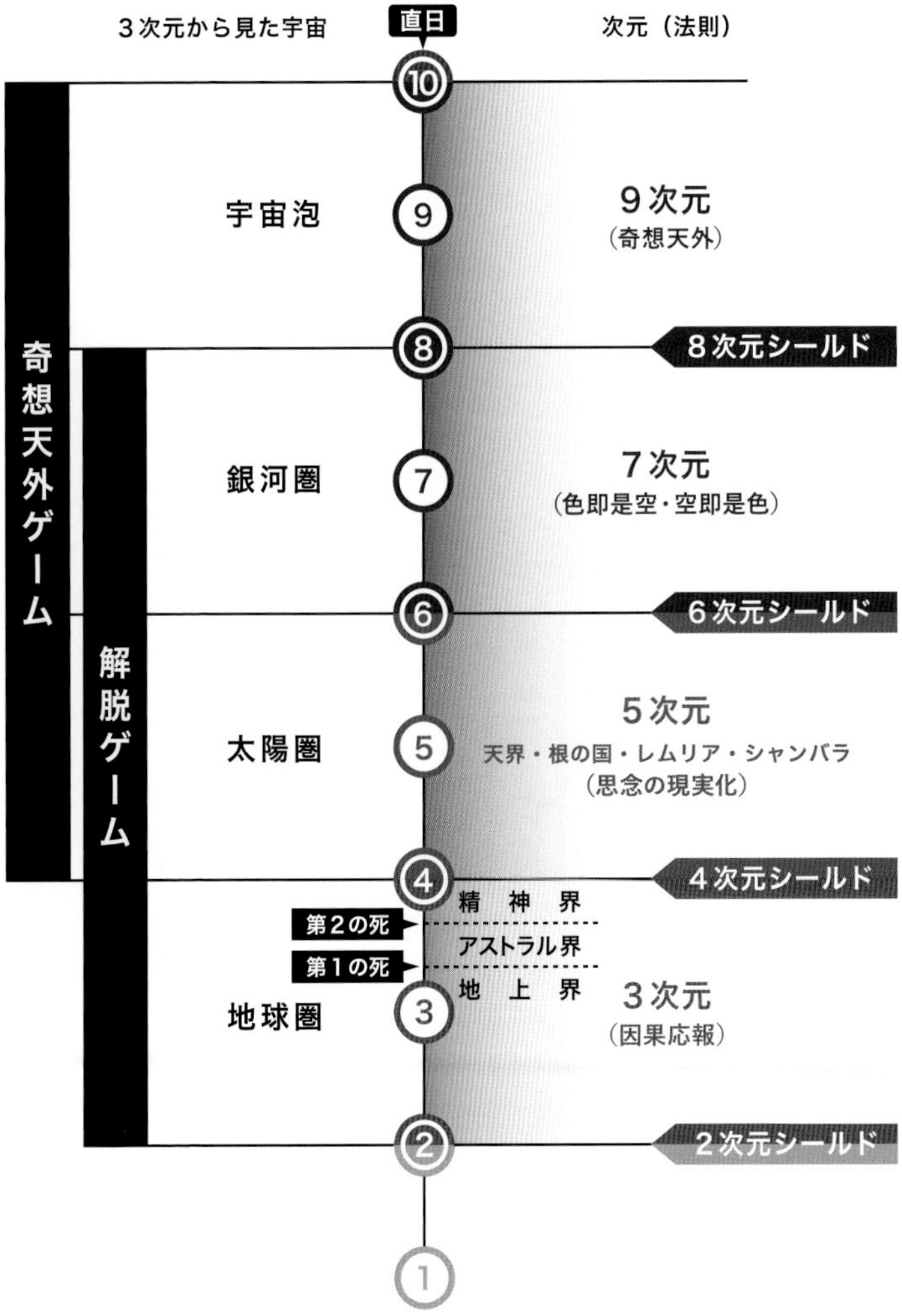

（2019年2月18日 No.5）

【図3】古い地球から新しい地球へ

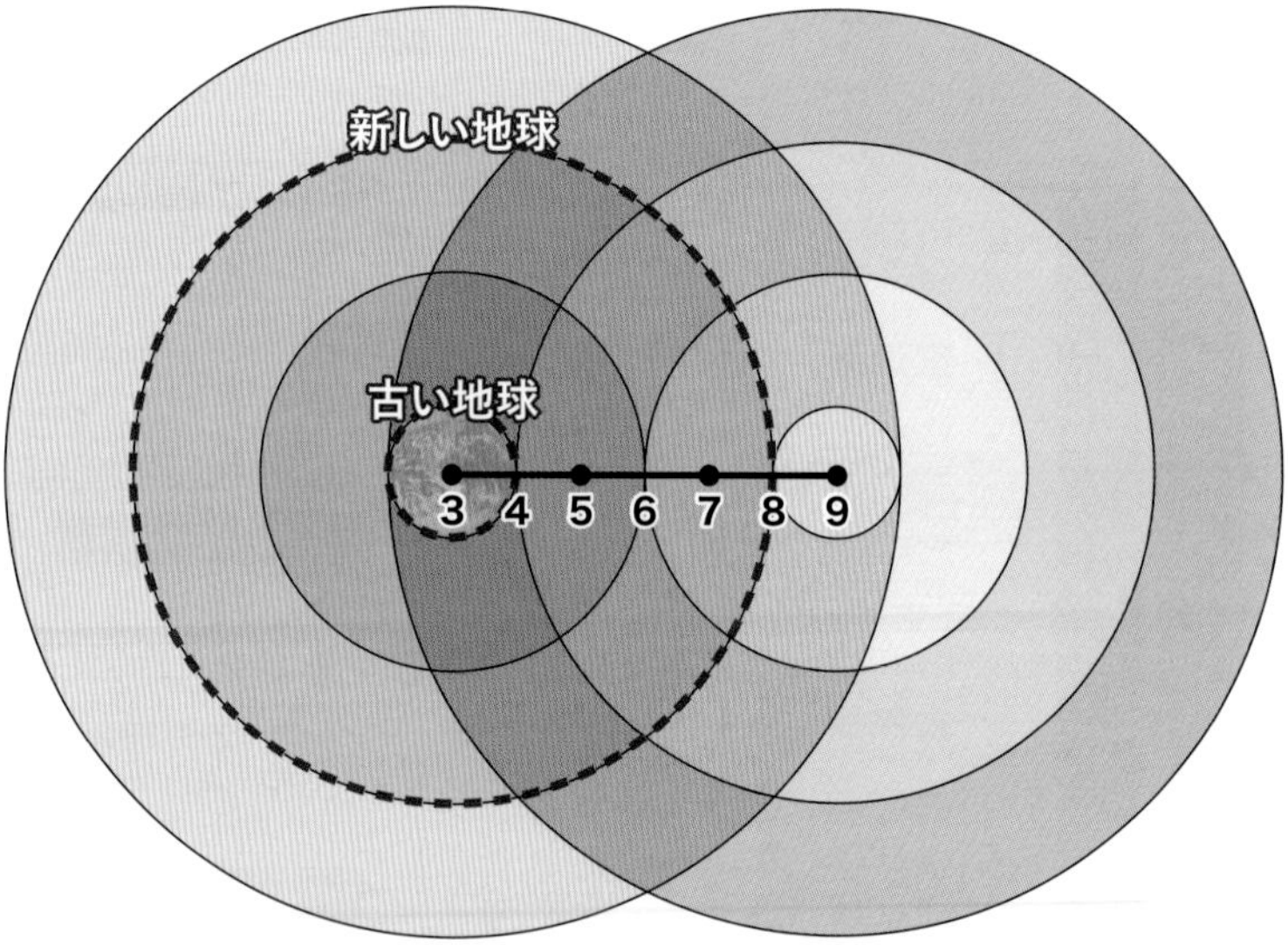

（2019年5月16日 No.6）

【図4】重なった古い地球と新しい地球

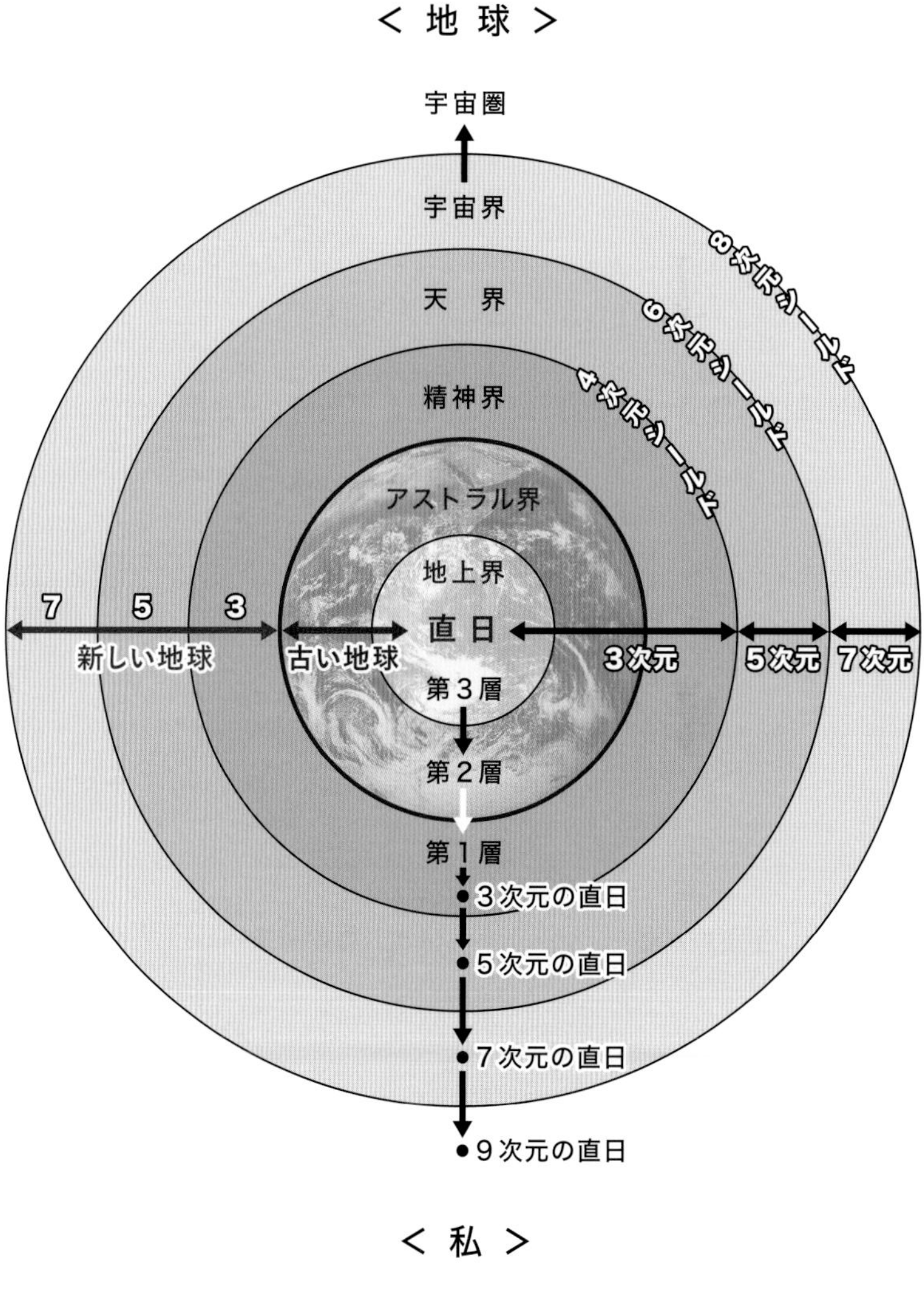

（2019年5月16日 No.7）

これまでに作成した図一覧

No.1
地球圏の仕組み
（2017年12月16日）

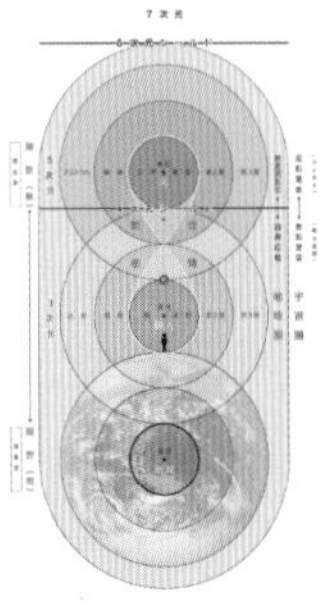

No.0
直日ネットワーク
（2007年）

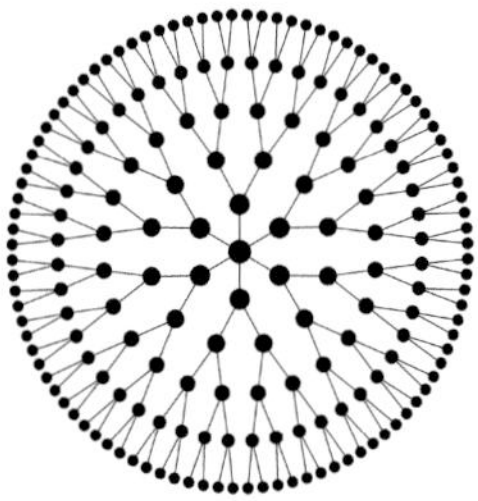

No.3
〈3次元の直日〉を中心とした横軸と縦軸
（2019年2月18日）

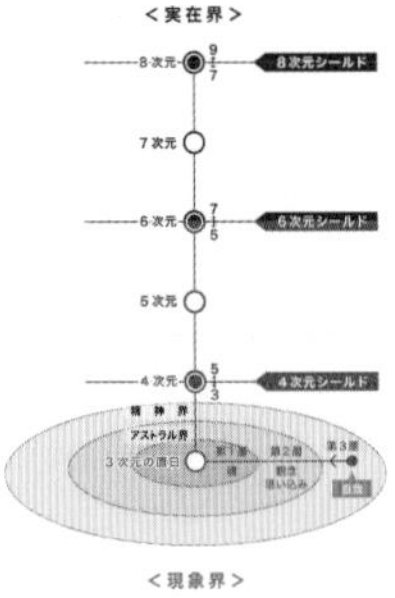

No.2
直日図
（2018年4月10日）

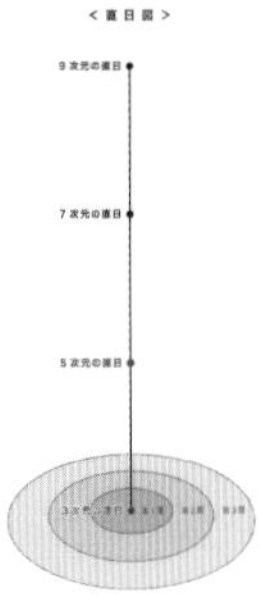

No.5
宇宙の構造
（2019年2月18日）

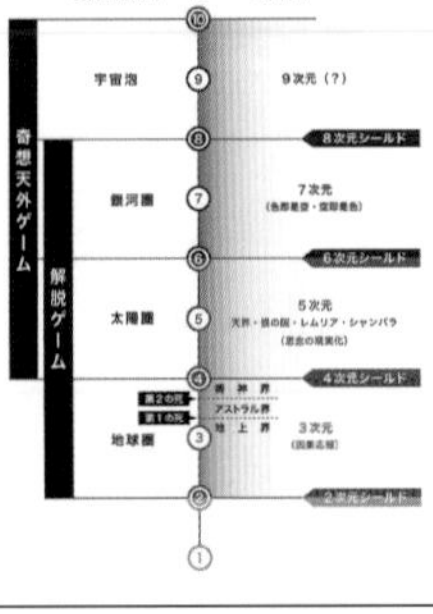

No.4
〈4次元の直日〉を中心とした横軸と縦軸
（2019年2月18日）

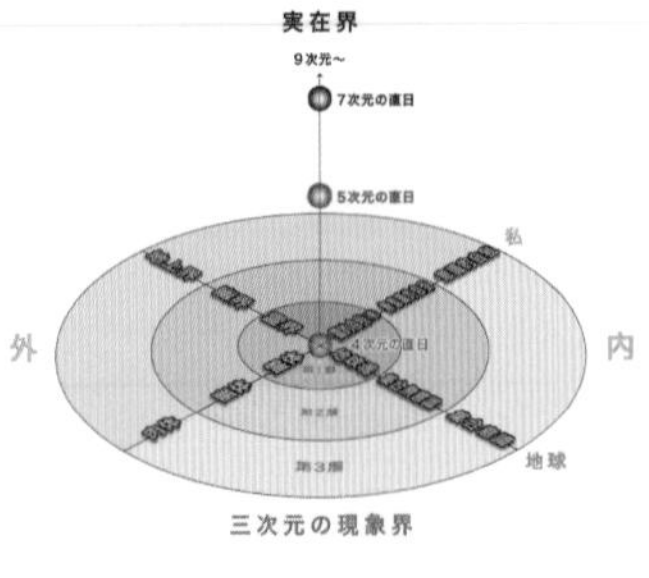

No.6
古い地球と新たな地球1
（2019年5月16日）

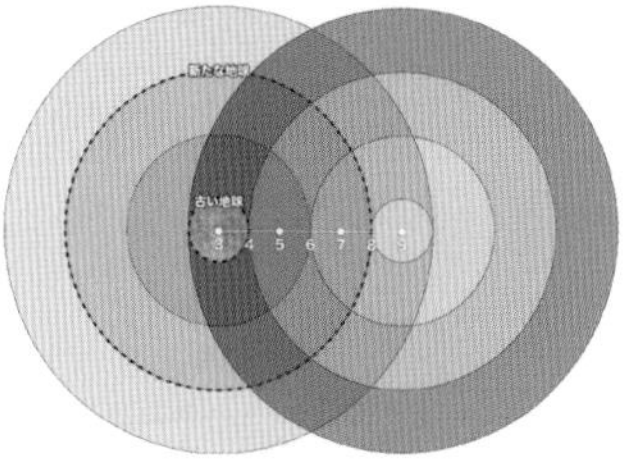

No.7
古い地球と新たな地球2
（2019年5月16日）

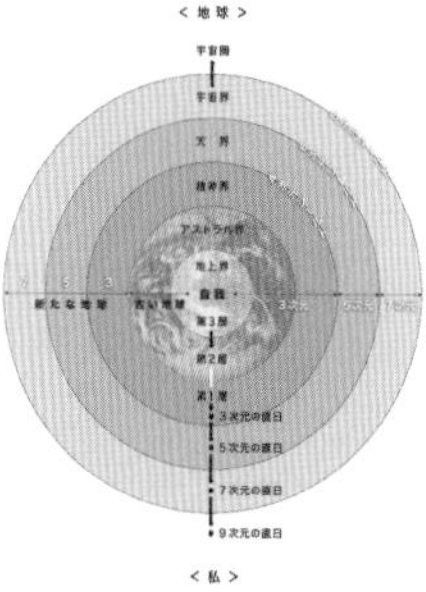

No.8
〈あの世〉と〈この世〉の成り立ち
（2019年11月29日）

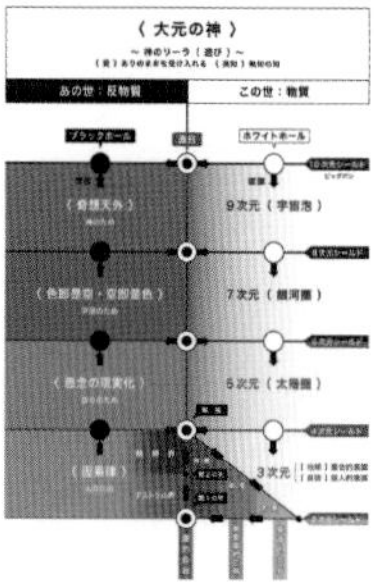

No.9
天と地の対話
（2020年6月7日）

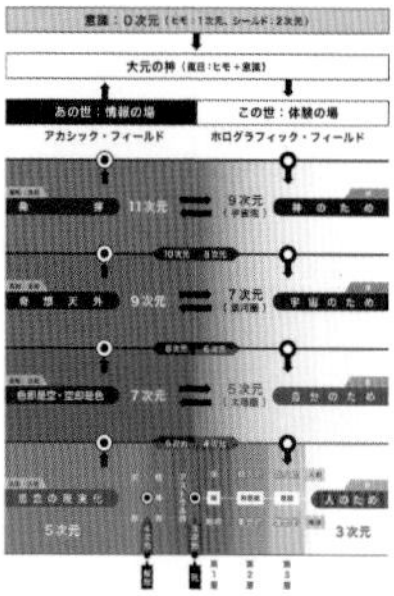

No.10-1
宇宙の構図1
（2020年6月22日）

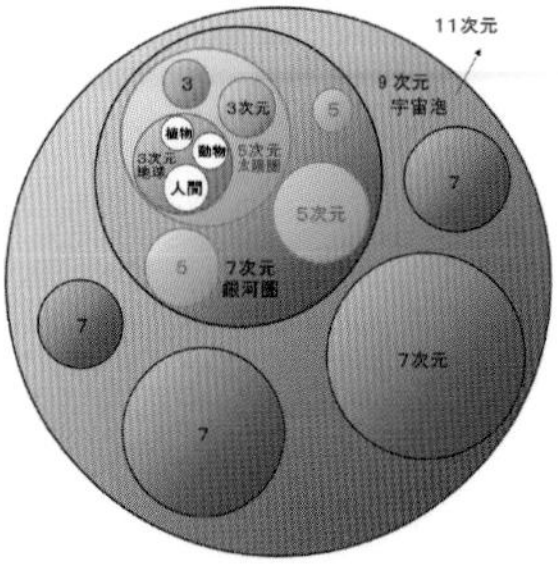

No.10-2
宇宙の構図2
（2020年6月22日）

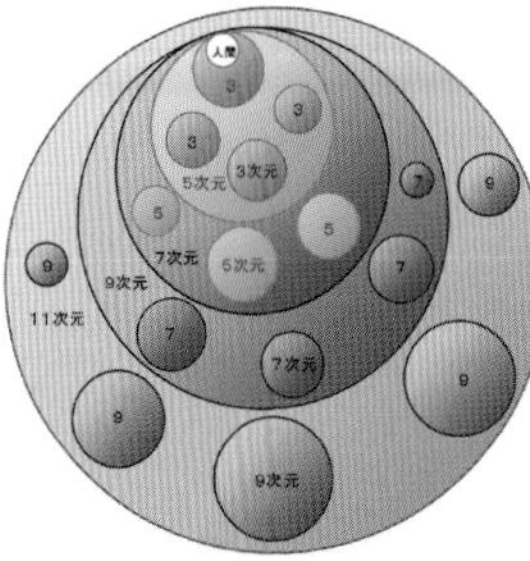

No.11-1
神と脳と私
（2020年7月14日）

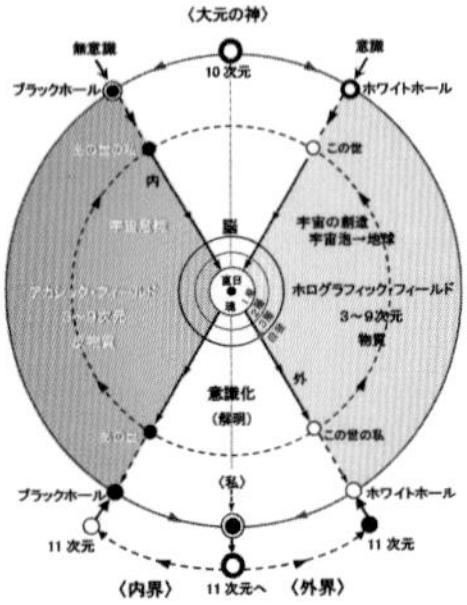

No.10-3
宇宙の構図3
（2020年6月22日）

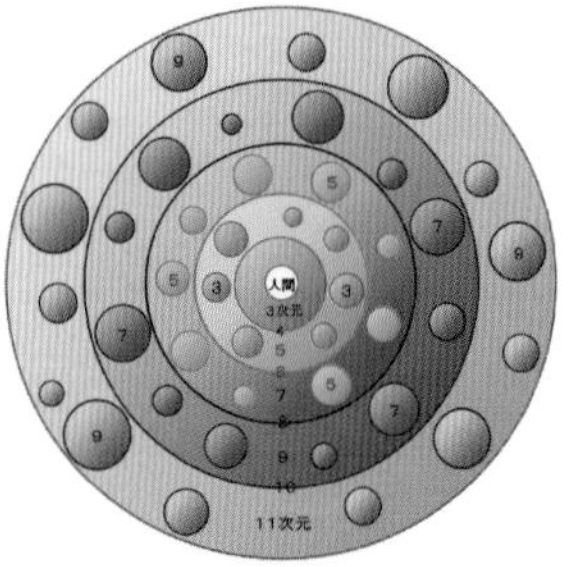

No.11-3
私→神に至るプロセス
（2020年7月14日）

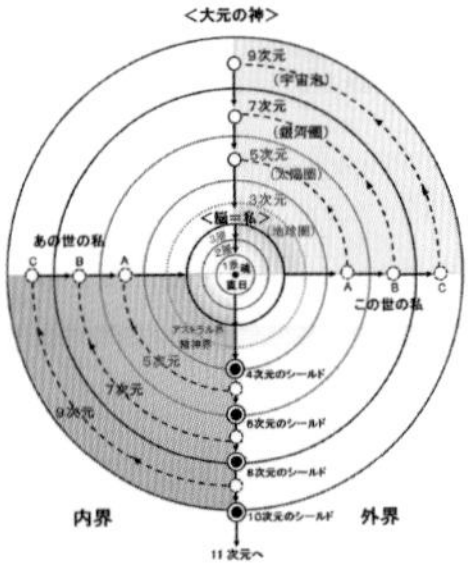

No.11-2
私と脳と神
（2020年7月14日）

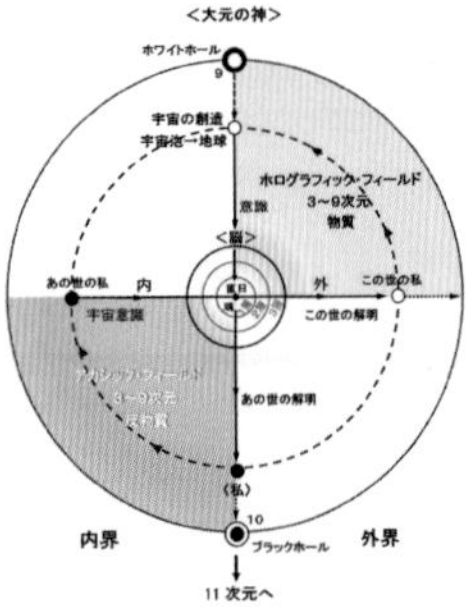

No.13
私とは…脳との関係において
（2021年2月16日）

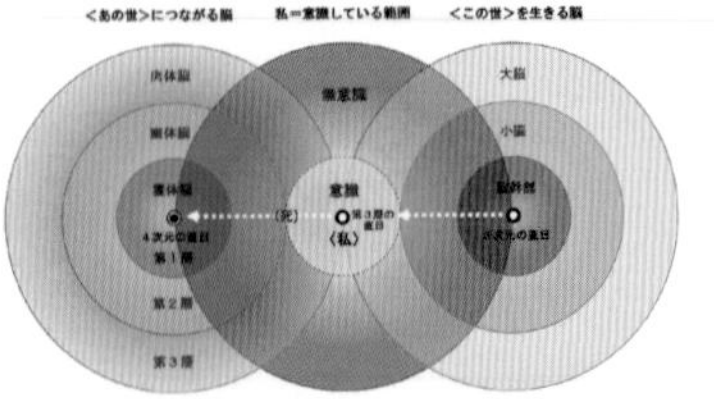

No.12
〈あの世〉と〈この世〉をつなぐ脳
（2020年12月13日）

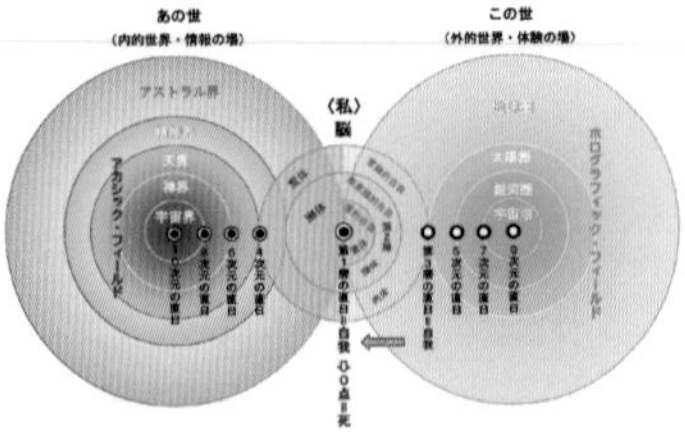

＊各図の解説は、HP（https://sara-project.jp/message/）に掲載

目次

第2部 〈リセット・リスタート〉の結果

第3部　その後の展開

【凡例】（注）は短いものは文章内または文末に（※）として記載。
長いものは（注）として各部または章末に記載している。
本書では対話部分の「」はこの世の人の言葉、
『』はあの世の人の言葉として使い分けている。

はじめに

何の本だったか、もはや記憶にはないのですが、「後世の人々が現代を振り返ったときに、宗教と科学が唯一分離した稀有な時代だった、と言うことでしょう」と書かれていたことが、妙に心に残っています。

確かに近代科学が台頭してから、ひたすら人類はその方向に向かってきたものと思われます。今回、〈天地の対話〉としてまとめているこのシリーズも、第1シリーズはできるだけ科学的見地と照合しながらまとめましたが、それはまずスピリチュアルなことにはあまり関心のない、科学的志向性が高い方々にも読んでいただきたい、と思ってのことでした。

しかし、私たちがこれまで〈天地の対話〉として受信してきた2800ページに及ぶメッセージには、もちろんスピリチュアルなスタンスがその根幹にあります。ですから、この第2シリーズでは、改めてスピリチュアルな側面を中心にまとめていきたいと思います。

ところで、私自身がスピリチュアルなことに関心を抱くようになったのは、いつ頃からだったかを考えてみますと、それまで専門としてきた臨床心理学的アプローチに限界を感じるようになった40歳頃からでした。そのプロセスは『〝則天去私〟という生き方　心理学からスピリチュアリズムへ』（コスモスライブラリー）という本でまとめていますので、ここでの説明は割愛しますが、後で振り返ってみますと、それは単なる個人的な出来事というより、実は大きな流れに呼応してのことだったかもしれません。

というのは、1987年に「ハーモニック・コンバージェンス」というのがあり、世界中の聖地やパワースポットに何十万人もの人々が集まって、人類がより調和的な方向に向かうように地球規模で〈世界平和の祈り〉を行ったとのことで、私の周囲の人々もこの頃に霊的覚醒を体験した人が多く、それが第一次スピリチュアルブームにつながっていたようにも思います。

エドガー・ケイシーのリーディングによれば、欧米や日本などの先進国に再生している人々は、かつてアトランティス大陸やムー大陸の滅亡に関わってきた人々が多く、物質的進化に魂の進化が追い付かなかったために滅亡したというカルマを背負って、それを何とか果たすべく生まれてきた、とのことでした。

その後、私自身はすぐにスピリチュアルな活動に切り替える流れにはならずに、それまで同様に子育て支援やコミュニティー作りの活動、あるいは大学での教育活動を続けていましたが、また突然流れが変ったのは2005年夏のことでした。

たまたまランチを共にしていた保健士さんが、実は強力な霊媒でもあるという話になり、私が90年代初頭に書いたまま棚上げにしている原稿があると言ったところ、急に改まった口調で「それはぜひ11月11日に出版してください」と言われたのです。しかも、それを後押しするような出来事が次々と起こって、まずはその全文を11月11日にネット公開することになりました。

その告知を周囲の数十人の方々にメールでお送りしたところ、それを読んだ当時の同僚でトランスパーソナル学会会長の諸富祥彦氏が、コスモスライブラリー社長に紹介して下さり、早速2006年1月11日に出版されることになりました。

そこからさらに流れが変わって、2007年春からは月の半分を伊勢で暮らすようになり、そこで同じく伊勢に移住してきた蓮（清華）さんに出会って、2012年10月から審神者《さにわ》と霊媒として共に天からのメッセージを下ろす、という展開になりました。『〝則天去私〟という生き方』のあとがきには、次のように書いていましたが、確かにそれに従って生きてきたようにも思われます。


「夏目漱石の〈則天去私〉という言葉は、彼が生涯をかけて目指した心境だが、私自身四十代に入った頃から、その言葉の意味が少しだけ分かるようになってきた。それまでの私は、すべて自分の頭で考え、目標を定めて、それに向かってひたすら邁進する、という生き方をしてきた。しかし、それも結局は天の描いたストーリーに沿って、自分に振り分けられた役割を知らずに演じてきたのかもしれない、と思うようにもなった。

そうであるならば、自分の小さな頭で考えるよりは、できるだけ天が計画するストーリーに沿って、その一端を担うことによって、その壮大なストーリーを垣間みさせていただく方が面白そうではないか。例えば、思わぬ人に出会って、それがその後どう展開していくのかを見ていると、「なるほど！」と感心するような結果になることが多い。どうしても、全体の駒を動かしているような、偉大なる存在がどこかにいらっしゃるとしか思えないような、絶妙な展開になることが多いのだ。

だから、私はもはや流れに逆らわずに、その中で自分が求められている役割を敏感に察知し、それに従って行動するようにしたいと思っている。そのほうが、毎日がずっと楽しく、新鮮に、なおかつ安心して暮らすことができるようになるからだ。

おそらく私がこの一生で、神に触れることができるのは、きっと象に対する蟻ほどにもならないにちがいない。それでも、できる限り〈則天去私〉になりきることによって、天の働きの偉大さを垣間みさせていただきたいと思うのだ。そして、この一生を終えて自分の人生を振り返るビデオを見せられたときに、ニッコリと笑って「精一杯がんばりました」と言える自分でありたいと思っている」

考えてみれば、私は北海道函館の神社に生まれて、その社の森で幼少期を過ごし、「直子」という名前も、神道用語の〈清明正直〉（清く明るく正直に）という中からとった、とのことでした。ですから、実はスピリチュアルな世界とは深い縁があった、ということになります。

その後、小学一年の時に、父の仕事の都合で一家で上京し、私自身はまったく神道とは無縁な生活を送って、臨床心理士・心理学者という道を歩んでいました。それにも関わらず、西洋のスピリチュアリズムを経由して惟神《かんながら》の世界に戻ってきて、今やその聖地である伊勢の地で〈天地の対話〉を続けているということですから、実は知らずに定められていた道を素直に歩んできた、という気もします。

その後しばらくは、伊勢と東京を往復する生活の中で、社会的な活動も続けていたのですが、それにも限界を感じるようになった2015年1月頃から、本書で示すような〈リセット・リスタート〉に関するメッセージが、本格的に降りてくるようになりました。

私自身、90年代以降はスピリチュアルな世界に親しんできたにも関わらず、なぜか2012年12月21日にアセンションが起こる、という話はまったく知らずにいました。しかし、それが不発に終わったところで、次なる手段として〈リセット〉に舵が切られ、そのメッセージを私たちが受信するようになった、とのことです。そのような流れの中で起こっていたこととして、本書をご覧いただければ幸いです。

先のシリーズ1でまとめたのは、ホモサピエンスの最終目標としての9次元から11次元へのリセットという話でしたが、このシリーズ2は、当初の目的であった3次元〜7次元のリセットについてのメッセージ内容が中心となっています。

なお、本書でも天界の方々が、かつての著名人として登場される場面がけっこうありますが、第1シリーズと同様にそれは単なる記号として、読み流していただければと思います。すべて仮名にすることも考えましたが、やはりそのような個性を持った人物として読んでいただいた方が、わかりやすいだろうとのことで、最終的に名前を残しています。

しかし、私たちはそれが本物であると主張するつもりはまったくありませんし、結局はそれを信じようが信じまいが、各人がどのようなストーリーを生きるかという話ですので、本書も一つの神話物語として、最後まで楽しんで読んでいただければ幸いです。

第1部

アセンションから〈リセット・リスタート〉へ

１ リセットについての初期の説明

以下のメッセージは、霊媒が受信したものが、審神者の私に毎回すべて送られてきて、その中からピックアップしたものです（注１ 霊媒と審神者）。リセットに関するメッセージは、今日に至るまでさまざまに変化しながら続いてきましたが、本章では、初期段階に伝えられていたメッセージを、時系列に沿ってご紹介したいと思います。

▼マヤさんの説明

２０１５年８月17日

「何万年かに１回、大きなリセットがあるというのは本当ですか？」

マヤ（※この名前での登場は、その前に私たちがマヤ暦についての話をしていたことに関連してのものと思われる）『宇宙にちりばめられたものは、大きく弧を描いています。そのため周期性を備えました。

時間は直線的に進むのではなく、円を描きます。はじまったらまた元のところに戻るようになっています』

「暦の通りに必ずそうなるのでしょうか」

『満月に満潮になり、新月に干潮になる。そのような大きなリズムがあるのです。宇宙は静止しているわけでなく、絶え間なく（回転）活動し、呼吸しているからです。その大きなスパンでの満ち引きをうまく使って、意識の変容を促進することができます』

「意識の変容と大災害はどのように関係があるのでしょうか」

『光が強くなれば、影も色濃く出るようになります。その影が踏んだ因の結果が、そういう形となって現れます』

「今から止められないのでしょうか？」

『悪意の暴走をあなたは阻止できると思いますか？　調和や循環と逆の方向に疾走する流れを、どう止められるでしょうか。いったん川が氾濫したら、それをせき止めることはできません。そのまま海に流すしかないのです』

「では、どうすればよかったのでしょう。次のためにも教えてください」

『仲良くみんなでゴールする、ということはありえません。自らの霊性を下げることなく、このような混沌とした中であるからこそ、それぞれがいっそう美しい花を咲かせてください。よくないものに罰が下る時が来るのではなく、よいものはその中でもよりよく生きられるか、という試練が与えられているのです。霊性を高めるための好機です。個々人の進化の差がある中にいるからこそ、このような学びのシステムが可能となっています』

「マヤさん。何万年に1回のリセットは、今その周期に来ているということでしょうか」

『まさしく今がその時で、もうカウントダウンがはじまっています。梅雨入りの時期が毎年前後するように、リセット周期もぴたりとではなく目安であって、多少は前後します。何万年のうちの5～6年は誤差範囲です』

「マヤさんの時はどうだったのでしょうか」

『文字としての伝達手段で、多くの人がその情報を受け取るということはまったくなかったのですが、霊能やテレパシーで天とつながっている覚醒した人たちは今よりも多く、その事実は分かった上で起こりました。その時も、抵抗するな、流れに身を委ねよ、というメッセージが届いていました。嵐と雷が100年分一気に来たかのような衝撃があり、強烈な渦に巻き込まれていきます。そこから逃れようともがく人たちが大勢いて、混乱をさらに大きくしていました。起きたことを受け入れ、なされるがままに運ばれてゆけば、ジャンボスライダーを滑っていくがごとくに、しかるべきところに到着します。私はそうでした』

2018年8月6日

「リセットは、マヤさんが語ったように周期ごとに起きるのか、それともこれ以上続けると危ない時に起きるのか、どちらの記述もありましたが、どうなのでしょうか。またその周期とはどのくらいで、今回は何回目なのでしょう？　現在の科学では、宇宙のビックバンが

138億年前、太陽系（地球）ができたのが46億年前、人類（ホモサピエンス）の誕生が20万年前ということですが・・・」

『他惑星でのアセンションは、周期ごとに起こります。それはワンネスとして宇宙の秩序とつながっているために、個々のペース次第ではなく、その惑星ごとの進化のペースと連動しているためです。その惑星の進化のペースというのは、銀河系の中心をどれだけの期間で公転しているかに比例します。つまり中心に行くほど、進化のスピードは上がるということです。

地球も一つの惑星ですので、その周期性の中で節目を迎えますが、地球意識と人類の集合意識にズレが生じ（天と地が乖離《かいり》するため）、その周期通りにはなかなかアセンションをすることができません。

そして周期通りに行えないこと自体が、全体調和との齟齬《そご》を表しているといえ、そうなってから数年のうちに強制終了をするというのが、毎回のパターンになっています。ですから地球では、節目（周期）ごとにチェックがあり、その時にこれ以上続けると危ないと判断されれば、強制終了するということです。

もちろん、次の節目では、人類全体が輪廻を脱して天界に到達できているならば、惑星周期と完全に連動した自然なアセンションというのも可能です。

地球の周期とは、約2万6000年が一周期で、2012年で6周期目を終えるところでした』

▼サムさんの説明

霊媒の指導霊であるサムさんのメッセージは、2015年1月18日から始まりましたが、その中では〈リセット〉が以下のように語られました。

2015年8月27日
『川の水をせき止め続けたらどうなるでしょう。循環を妨げると、大きな反動が生じます。反動でせき止めていた堤防やダムが壊れると、たまっていた水が流れ出します。壊れるものに目をやれば、悲惨な出来事に見えるかもしれません。しかし、水の流れがよくなることに目を向ければどうでしょうか。

（以前のビジョンで）女たちが鍬《すき》をもって畔《あぜ》を壊しにいきましたね。水の流れをよくするためです。できあがっているものを壊すには勇気がいります。周りの（壊してほしくない人たちの）反発もありますから。

ですから、この使命に携わるには強さと忍耐が必要です。しかし、それを持っている勇猛果敢な挑戦者が、いまこの文章を読んでいるみなさんです。リセットとは、悲しいことではなく、大きな目で見れば天地の流れの回復なのです』

「リセットが起こるのはマヤ暦の区切りのためなのか、それとも因果応報の結果としてなのか、教えてください」

『因果応報の結果が大きな区切りのタイミングで生じてくるということです。何らかの大災害が起こっても、それは人類自らの行為の結果として、そのような事態となるのです。地球規模のリズムの中でその結果が返って来る（一周する）循環システムを時間に表したのが、マヤ暦の長期暦というわけです。

ですから、人類が良い種を蒔いていれば、その結果はそれに相応するものとなっていたことでしょう。リセットとは、必ずしも大災害が起こって人類が破滅するというシステムではないのですが、残念ながらそのチャンスを（次元上昇という形で）有効活用できたためしが今までのところなかったのです。しかし失敗は単なる敗北ではなく、霊たちはそこから学びます。今回の援護に加わっている霊たちは、失敗から学びを得てきた先輩たちです。

『サム・メッセージ』（※サラ企画で発行している未発売の小冊子）を読むにあたり、『サラ・メッセージ』の下地が必要だったわけは、因果応報という自己責任の法則を、前提としてとらえていただくためです。その前提のもと、このリセットも相応の結果として働くのだと納得していただくためです。因果応報を納得しないうちは、このような大参事は神の怒りに触れたからだとか、滅びる運命だったのだとか、人の力ではどうにもできないのだなど、無用な諦念や被害妄想を抱いてしまいます。

しかし、本当の意味で因果応報を理解すれば、起こることには必ず原因があること、そしてそれは自ら招いた原因である、という因果関係が見えてくるはずです。集団が引き起こした因果なのに、なぜ善良に生きてきた私まで巻き込まれなければならないのかと思うとしたら、それは間違いです。

この数千年の中であなたは何度も地上に生まれてきたはずで、その時には今よりも霊性は低く、よくないこともたくさんしたことでしょう。そして、自分ではないと思っている極悪非道な他人も、大きな歯車の中では同じ集団に入りますし、つながりの面でいえば「人類はみな兄弟」のようなものなのです。

すでにリセットが起こることを受け入れていただいたとしたら、その日までをどう過ごすかは、あなたのその後の霊的生活にとても大きな影響を及ぼします。知らずに不毛に過ごしたわけではなく、知りながら目を背けたとしたら、それは責任を放棄することになるからです。自分はこの時に何ができるのか、何をなすべきかは、ご自身の内奥の魂に耳を澄ましていただければ分かります。

何か大きなことをしなければと思う必要はなく、ご自身が今できるベストのことを積み重ねていってください。この時期こそ、霊的な成長は加速します。混乱と抵抗と疑念の嵐の中を、一歩一歩、自分の霊的な灯りを頼りに進んでいかなければならないからです。そしてそれは、地球学校の卒業試験として与えられた大きなチャンスなのです』

▼コナン・ドイルさんの説明

それに続いて、コナン・ドイルさんのメッセージが始まったのは2016年1月11日からでしたが、その中では〈リセット〉について次のように語られました。

2016年2月13～14日

『〈リセット〉とは、天地の循環が途絶えた地球の、霊的な蘇生です。物質はその中に宿る霊的因子が形をもって表現された一つの現実です。地球という物体も、無機質な物の集合体であるという以上に、霊的な意識をもった一つの生命体なのです。そして、そこに住まう人間も、もちろん霊的な存在が肉体をまとった一つの形態です。

さらに、動物も植物も、土や岩までもが、さまざまなレベルにおける霊的意識を有していま す。つまり、この地球生命体は、霊的なエネルギーが顕現した、あらゆる霊を抱きかかえて回っている、美しい球であるということです。

太古の人類は、そのことを直観的に感じ取り、その大いなる自然との一体感の中で、風の声に耳をすませて（霊界からのメッセージを無意識に受けて）、天と地のバランスを絶妙に保ちながら生きていました。

しかし、科学や文明の発達によって、物質のみに意識を向けた人類は、天と地のバランスはもはや視野に入らなくなり、人類のエゴを中心とした地球の占領化をどんどん推進しました。森も動物も消えているのに、その現実を直視しようとはせず、より快適な生活のみを求めて、現在も他を薙《な》ぎ倒しながら暴走を続けています。

立ち止まって「このままでいいのか」と声をあげる勇気のある人たちの声は、大衆の声にかき消されて見向きもされない、というのが大方の現状ではないでしょうか。政治、教育、道徳、良心、そして思考力さえもじわじわとさびついてきていることを、みなさんはうっすらと自覚されているのではないでしょうか。

物質のみを追いかけると、霊的な叡智が人々に流れ込まなくなり、人心も自然も荒廃していくのです。科学を手にした人類の傲慢さが、天との連携を断ち切っているといえます。これは皆さんだけに起こっている特別なことではなく、これまで人類が何度も経験してきた〈大きな壁〉なのです。

今、地球への霊的なエネルギーは届かなくなっています。それは、科学的・物質的な枠組みでしかものを考えなくなった人々が、死後の世界を否定して、死後も地球表面にしがみついているために、それが暗雲のように堆積して、天からの光を通さなくしているからです。

天地が連動しているからこそ、あらゆる生命に息吹がもたらされます。物的に表現されたものは、すべて天が創造したものです。（神話のように）粘土を丸めて作っているということではなく、天の想念がそれらを生みだしてきたのです。

人間、動植物、あらゆる発明や科学技術、果ては芸術に至るまで、天界から地上に（主にインスピレーションという形で）想念が下ろされていく、という仕組みです。これは何も、地上の皆さんが天の操り人形になっている、ということではありません。皆さんの中にその天界はあり、そこからわきあがるものを受け取って、自らの努力によって物的形態へと発現させている、ということなのです。

一般的には天と地の連動というと、空高くにある天上世界と、それに対する地上世界というイメージがわくかもしれません。確かにそうともいえますが、自身の霊性の深み（天）と物質的肉体をもった自我（地）の連動の方が、個人的視野からすれば大切です。天地の連動が途絶えているというのは、自身の霊性にアクセスできない状態にある、ということです。

そのために、霊的真理（スピリチュアリズム）の普及と、霊的覚醒のための流れが天からもたらされました。それによって、個々人の霊的な向上とその認識は、ある程度加速されはしたものの、深く考えずにスピリチュアルな事象に飛びついて、そのまま表層的理解にとどまっている方々も多く見られます。

だからと言って、私たちの狙いが外れたということでもありません。私たちの本当の使命は、霊的真理を世界中に広めることでも、霊性の向上進化を一気に加速させることでもなく、〈リセット〉にあるからです。つまり、霊的循環の回復によって、天と地をつなぎ直すことです。そのための素地として、スピリチュアリズムがもたらされ、いよいよその知識を総動員したところで、今や〈リセット〉が語られるようになった、ということです。

スピリチュアリズムの要点は、あらゆるものに霊魂は宿り、それらは因果律（＝因果応報の法則）から逃れることはできない、ということでした。そしてこの因果律は、リセットを理解していただくための下地でした。現状の認識と、そしてそれがなにゆえそうなったのか、という原因分析がなされないことには、この大転機に際しての人類の大きな学びは見いだせないからです。

〈リセット〉においては、地球の周期にのっとり、それまで人類が行ってきたことが結果として返ってきます。物質的な見地から言えば、地上のあらゆる文明が破壊される大惨事となることでしょう。それはもはや避けられない事態です』（※『コナン・ドイルは語る　リセットのシナリオ』192〜195ページに掲載）

▼セスさんの説明

セス・メッセージが始まったのは、コナン・ドイルさんのメッセージが終了して間もない2016年4月11日からでしたが、その中では〈リセット〉が以下のように語られました。（※『セスは語る』（ナチュラルスピリット）を読んだ後、セスさんが登場するようになっていた）

2016年5月8日

『これまではほぼ一つの集合意識が、共通した集合的観念を抱いていました。確かに細かい部分は、民族や個人によって異なる信念や観念が形成されていますが、土台となる空間・時間・個という観念は共通していました。それが、私たち人類はこの3次元の中で生きている、ということです。

その観念が（3次元を超えて）5次元を許容することが、集合的アセンションだといわれていました。しかし残念ながらそうはならずに、今は観念が二極化しています。古い3次元の構造にしがみつく人々と、新しい次元上昇した未来に希望を持つ人々です。後者の人々は、より変化を受け入れ、前向きに進んでいきます。アセンションの話は、そういう方々が主に発信しています。

しかし、前向きさというのは、進む方向に光をかざすので、全体を見ることにはなりません。リセットとは、全体構造の創造的破壊です。古い構造と新しい未来への希望の両方の観念全体の再構築です。それらの素材がなくなるわけではありませんが、圧縮したように凝固してしまったものを、元の素材に分解するということです。

すべてをありのままに観ること、それを認めることで、不用になった個人の観念は解けていき、変容していきます。その変化のうねりが集合し、リセットの推進力となっていきます。リセットとは、経験の枠組みの変更です。それがどのような枠組みになるのかを創造していくことが、リスタートです。

古い地球でも、新しい地球でも、集合的観念は刷新されます。それには、それぞれの個人の内面の変容が起動力となります。内で起こることが、外に反映されるのです。

変容は、何かになろうとすることではありません。高い波動のものに向かうという意思は、自我のなせる業です。リセットの全体構造を理解した後に、意識を向けるところは、自分や世界をありのままに知っていく、ということだけです。焦点を当てる先は、光の方向だけではなく、光と闇の両方です。

（リセットに向かうためには）「抵抗するな」と以前語られましたが、それは自我でストップをかけたり、コントロールしたりせずに、自分の中を風通しのよい部屋にすることです。天界からの支援エネルギーがすでに内奥に届いています。その流れをさまたげない、素朴な通路となること。それが何よりの貢献です。明け渡すことで、さらに多くのものが流れ込んできます。

魂の覚醒とは、自分の魂の光を発見することだけではありません。5次元への上昇という第一段階はそうであったとしても、もっと深い覚醒があるのです。それは、光も闇も判断しない、天との通気口となることです。

光と闇、善と悪に分類しているのは、3次元の観念や自我のレベルにおいてです。もっと奥底の深い叡智は、それらを区分けはしないし、それらを評価もしていません。あるのはただ、それぞれの働きがあり、その両者が作用しあう、ということだけです。それを理解した時に、真の創造性が生まれます。

例えば、昼を創造するということは、同時に夜を創造することにもなる、ということです。

かつて、ヤハウェという神を人々が心の中に抱いた時、集合的な観念にはすでにアマテラスが生まれていたのです。対極のものを現実的に認識していくまでには、時差があるかもしれませんが、奥深い部分ではすでにあるのです。

内にあるものを外在化していくことで、人々の認識は追いついてきます。言語化、イメージ化などをお願いするのはそのためです。今後、善から悪まで、さまざまなものが形をなして外在化していくでしょう。それらすべてが自分たちの内にあるものだ、としっかり見ていくことです。自分たちが最初に創った枠組みが、このような結果になったのだと、しっかり学ぶことです。そしてそれを受け入れて、しかる後に手放す。それがリセットです』

▼7次元（宇宙圏）からの説明

２０１７年12月13日

『7次元の幾何学模様の世界で、点としての地球を見ると、本来の規則性から少し外れているように見えるのは、地球の天地の循環ができずにその状態が悪くなっているからではなく、地球の特殊性によるものです。地球圏を他のワンネスのネットワークに順当につながずに、連動性や情報伝達性を微妙に外すことで、〈個の体験世界〉が成立しているという仕組みです。

これは、4次元と6次元をゆがめてシールドにしているからこそできる〈規則性のズレ〉であるともいえます。本来の次元構造に不規則なゆがみをもたせ、それゆえ地球圏独自の法則をその中において機能させている、ということが可能になったのです。

リセットとは、地球圏の直日《なおび》を7次元の直日とつなぐことで、その独自性や分離性を解除して、宇宙の規則性の形に一瞬戻すことによって、宇宙圏の法則を地球に適用させることです。（※直日とは、〈大元の神〉とつながっている意識の通り道のこと）

それは一瞬のことであっても、すべてを刷新してゼロに戻すことができます。次のはじまりにおいては、また地球圏独自の規則性に戻ります。そうやってこそ、再び個の体験世界を創り出せるからです。

以前にいただいたご質問の、「ワンネスということからいえば、地球が変われば宇宙も変わる、ということなのでしょうか？　〈リセット・リスタート〉が、宇宙全体にどのように影響するのかを教えてください」に関しては、「基本的には影響しない」というのが大まかな回答です。全体のワンネス機構に影響しないように、特殊な〈実験場〉として守るための措置が講じられているためです。

ただし、そのリセットの体験を個々の魂は、それぞれの宇宙に持ち帰ります。それは〈リセットが失敗しようが、成功しようが〉とても大きな、そして新鮮な学びとして共有されます。宇宙の創造性に、美しい花火が一つ加わるということです』

（注1）**霊媒と審神者**

霊媒と審神者についてのメッセージは、以下のようなものがあった。

2015年9月11日

『来たものに感応していく霊媒体質の皆さんは、それが高き天からのものであろうが、もう少し雲の下あたりからのものであろうが、何でもかんでも受信します。それはもっている特性として当然の性質です。いろいろな電波を受信できる〈アンテナ〉だからです。

例えば、TVでA局の電波を受信し、チャンネルを変えればB局の電波を受信する。その時、あなたはA局でもB局でもないのです。つまり、高い霊とつながれたから自分も高い霊格（魂の成長度）であるということではないように、少し低い霊とつながったから自分はもう低い霊格だ、ということでもありません。それがどのようなものであれ、意識を向けた電波を取り込んでしまうという〈アンテナ〉体質なのです。

そこで、守り役となるのが、審神者の存在です。審神者の霊力と霊格は、霊媒よりも必ず上です。その審神者と同調していくことで、霊媒は本来の高い霊との交信を維持することができます。審神者は、その霊能力でもって焦点を固定することができるために、霊媒もどこにアンテナを向けたらよいかという焦点が絞られるからです』

2015年11月3日

『意識をどこに向け、どのように質問するのかは、審神者の役です。霊媒は質問が浮かびません。霊媒はあの世の霊と一体化してしまっているためです。ですから、（審神者の方は）地上からのコントロールになるからと質問を控えるのではなく、むしろこの状態を生かすために積極的に質問をしてください。質問に答える中で、話が必然的な方向に向かうでしょうから、筆を走らせる助走としても大いに質問してください。その結果、出てきたものは審神者がザクザクと切っていただいて結構です。出てきた全体から3割のダイヤの原石が拾えれば、万々歳です。

霊媒のブレーキは、「それは私の思いではないか」ということです。それでいいのです。本人は混同して分からないのです。そこの切り分けがないことが霊媒の特性であり、今回の使命でも生かすところです。ですので、審神者を信頼して、思いつくことを送り、判断してもらうことです。その時に浮かぶことは何でも書くようにすれば、大網ですくえます』

２０１６年1月16日

『霊とのコミュニケーションにおいては、〈1〉つながった先の問題、〈2〉つながる本人の問題、〈3〉知識不足による問題の３つがあげられます。

１つ目は、対話しているのがアストラル界の霊であることも多く、その狭い了見の霊たちに思い込まされていくという問題です。より高度な〈天地の対話〉を実現するには、高次の霊とつながることが必要です。

２つ目は、本人自身が霊的な力に飲み込まれる問題です。催眠状態にかかっているように、自我のコントロール力を失ってしまいます。もちろん指導霊がそのようにコントロールしている場合は例外ですが、本人も無自覚にそうなっている場合があります。

３つ目は、高級霊との対話と思っていても、それがアストラル界の残像思念や投射された想念であるなど、かなり多くの方がこの段階で混乱している、本物を見分けるための霊的知識不足の問題です。

いずれも、正しい霊的知識のもとに検証することで、問題は回避できます。しかし、その検証がなされないまま、ぼんやりとした心と知識不足で霊との対話に臨むことは、問題の中に飛び込んでいくようなものです。

そのため、審神者による〈精査する目〉と〈正しい霊的知識〉の判断の、どちらもが必要だということです』

2 アセンションについて

このサラ・プロジェクトのメッセージは、以上のように主に〈リセット・リスタート〉に関わることを中心として降ろされていましたが、途中、プレアデス関連の霊媒としてYさんがチームに加わって、ミカエルとガブリエルからのメッセージというのを降ろしていました。

しかし、残念ながら私たちのメッセージが、〈光〉だけでなく〈光と闇〉全般のメッセージになったところで、抵抗感が生じたためかチームから離脱してしまいました。そのため、一時的にYさんに代わって蓮さんが受信したのが、以下のアセンションに関するメッセージでした。

２０１６年10月14日〜22日

『皆さん、こんにちは。大天使の名前で知られるガブリエルから、アセンションを目指す方々へのメッセージをお届けします。はじめに、私がどういう者かという説明をさせてください。私は皆さんがイメージするような、羽をつけた天使ではなく、プレアデスの惑星意識です。集合意識ですので形態は持っておらず、意識と意識のつながりで対話をしています。

ですから、ガブリエルという名前は、それぞれの人が呼びやすいようにそうしている程度で、大天使らしいことを話すわけでも、大物感を演出したいわけではないことは、あらかじめお断りしておきたいと思います。

▼アセンションが起こらなかった理由

さて、私たちは宇宙からあなた方が住む地球を見ています。うっとりとするような青々とした地球・・・と言いたいところですが、残念ながらエネルギーや想念を可視化してみた今の地球は、まるで蛇に首を絞めつけられて、窒息寸前になっている青い星のように、私たちには見えています。

これまで私たちは、アセンションを支援してきました。通常、惑星とそこに住む人々の意識は連動していて、次元が上昇する時には惑星ごと皆でアセンションするというのが、宇宙での進化のパターンでした。

それに従い、私たちも地球の大きな変動の区切りが2012年12月にありましたので、その時に人類のアセンションも同時に起こるだろう、と思っていたのです。そのための光を降ろしたり、人々の振動を上げるための支援を、あらゆる手段を通して行ってきました。

もちろん私たちだけではなく、他の多くの星団、多くの宇宙の仲間も集まってきていて、それぞれに力を尽くしていたのです。環境としては十分整っていると思っていましたが、どうも私たちの光だけでは乗り越えられない、複雑な何かがそれを阻んだのです。

とは言え、それまでに語られていた支援のメッセージは、それなりに真実でもありました。決して皆さんに希望を与えてコントロールしようとしていたわけではなく、心からの愛で私たちは語りかけていたのです。ところが、結果としてアセンションが起こらなかったというところで、私たちにも大きな学びがありました。

地球は、この宇宙の中でも特別に複雑な機構を持つようになった、先例のない惑星です。そのために、どのような状況が起こるかの予測がつきにくい、という面があります。もちろん、すべての星でいつも新しいチャレンジがなされていますが、地球はそのチャレンジのハードルが、思いのほか高かったのです。

だからこそ、宇宙の中では注目の的であり、興味津々で何らかの関与をしたいと、各星団から集まって来た〝宇宙人のるつぼ〟ともいえるのが、皆さんが住んでいる地球なのです。

キョロキョロ見回しても、同じ人類しかいないと思われるかもしれませんが、霊的な背景（母星）がさまざまで、霊統が異なる混合型であることが、まずは地球の特性であるといえます。

私たちのプレアデス星団では、プレアデス霊統の人々だけが住んでいます。しかし地球には、プレアデス人も、シリウス人も、レムリア人も、オリオン人もいるというわけです。

それは、今はアセンションの時だから、その支援組として地球に来ているという人々ももちろんいますが、地球というある意味大冒険のできる星に、魂の受け入れ許可が下りた過去のいくつかの時点で、多くの星団から霊たちが受肉するために移動してきたのです。

そのようにさまざまな背景があっても、それぞれの地球での学びや霊的成長は地球ルールに従って、輪廻を繰り返しながら成し遂げられてきました。そして今、その全体的な霊的成長が3次元の域を超えるようになったために、次の次元へと移行するように〈アセンション〉が計画されたのです。

私たちプレアデス星団は、プレアデス人だけを支援しているわけではなく、アセンション全体に対して力を注いできました。ですから、プレアデス人であるか否かに関わらず、一人でも多くの方々がアセンションできるように、今なお必要な情報をお伝えしている、という次第です。

さて、本質的なところから語りましょう。なぜ2012年12月にアセンションできなかったか、ということです。さまざまなルートでその理由は語られており、それはそれで一つの要因ではあったのですが、これまで語られてこなかった最も大きな要因があったのです。

それは、私たち〈光〉の視点からは見えづらい部分であり、それを受け取ることができるアセンション系の人々が、地上にあまりおられなかったために、これまでは語られてこなかった点を、これから説明したいと思います。

▼地球の現状

私たちから見ると、地球が「窒息寸前に見える」と先にお伝えしました。本来はアセンションに向けて地球の波動が上がり、愛にあふれているはずなのに、なぜそのようにまるで反対の窒息状態になっているのか。そこが、これからお話しする部分です。

人類の霊性は全体的にみると確かに向上しており、その波動も細やかになってきている、ということは事実です。しかし、全体的にはそうであっても、全員がそうかというとそうではないということが、今の地球を見れば納得されるものと思います。

経済優先の短絡的視野による産業の蔓延、核実験や武力紛争の多発、とどまるところを知らぬ環境破壊。そして、日本だけで見ても、目を疑うような犯罪が増え、人心の荒廃とモラル低下が進んでいる、というのが実状ではないでしょうか。もちろん、それに染まらずによりよい世界を目指している、献身的な方々が多いことも事実です。

つまりは二極化している、ということなのです。これを読んでいるアセンションを目指す方々が、愛に満ちた世界をイメージしている一方で、欲望や闘争のエネルギーにすっかり飲み込まれている人々もいるのです。

ではなぜ、そのように欲望や闘争のエネルギーを持つ人々が目立ってきているのかというと、それはもちろん霊的成長度の違いもベースにはありますが、それ以上に地球を窒息寸前の状態にさせている、蛇に例えた黒いモヤの存在があるからです。

それでは、その黒いモヤとはいったい何で、地球にどのような影響を及ぼしているのでしょうか。

そのモヤの正体とは、死後も地上にしがみついている浮遊霊（未浄化霊）たちの想念のかたまりなのです。唯物主義と科学万能の近代に入ってから、死後の（霊的な）世界を否定している人々が急速に増えて、死後もスムーズに霊的世界に移行できないまま、地上付近にたむろしているのです。

彼らは意識があるためにまだ生きているものと思い、地上をうろついています。そして、自分たちの欲望を満たすために、自我境界の弱化した人々に取りついてしまうのです。そのように憑依された人々は、自らの欲望をコントロールされて、どんどん悪い方向へと流されていきます。それが数人であれば大した影響はないにしても、この100年の間にそのようなケースが激増し、地表はその浮遊霊と彼らの想念（黒いモヤ）によって、ほとんど覆いつくされてしまいました。

その結果、それまで天と地が連動して機能していた地球は、その循環性を失うようになり、天からのエネルギーが地上に届かなくなってしまったのです。そうなれば、ますます人類はエゴによって暴走し続け、地球環境の悪化に拍車をかけることになります。そして、それがさらに二極化を推し進め、欲望に飲み込まれている方のエネルギーが強化されている、ということです。

ではその一方で、愛と調和に根差してアセンションの希望を持っている方々は、どのようなエネルギーを受けているのでしょうか。

それは主に、宇宙からの支援エネルギーです。さまざまな星団から、この地球に光が注がれています。あなた方が高い波動になるにつれ、その波動に共鳴する光を受け取っているのです。その光は愛によってあなた方を満たし、アセンションに向けて心と身体を整えてくれることでしょう。その光を存分に受け取り、それを広げていくことに力を注いでい下さい。

そして何より、あなた自身の想念や行動も同様の光として放射され、自他を照らしていることは明記するまでもないことです。ご自分の愛を高めて、さらなる光を放つよう努力することも同じく大事です。

以上をまとめると、これら二つのエネルギーが、いま、同時に存在しているということです。

黒いモヤのエネルギーを闇、みなさんが受発信しているエネルギーを光とすれば、今は闇と光が最も色濃く対称性をもって存在しているといえます。

そしてもう少し大きな観点でそれらを見るならば、その闇も光も一つのものの両側面だとも言えるのですが、やはり現段階ではみなさんが進む方向は、闇ではなく光に向かってと考えていただいた方がいいでしょう。

ここまでで、二極化が進んでいる地球の現状報告を大まかにしました。次に、アセンションによってどのような変化が起こるかを、簡単にまとめておきましょう。

▼アセンションによる五つの基本的変化

そもそもアセンションとは次元上昇をすることですが、現在の3次元の世界からより精妙な波動の5次元の世界に移行する方がほとんどです。ただし、7次元の世界や宇宙界に行かれる方も少数います。

アセンションや次元という言葉を使わない方々もおられますが、それは言葉の定義の問題で、要は愛にあふれた自然や宇宙と一体化した世界をイメージしている方々が、そのイメージにふさわしい波動の惑星へと地球と共にシフトアップする、ということです。

いくつもの未来が選択肢としてある中で、そのような愛のある明るい未来を選ぶ方々を、〈アセンションを目指している方〉と、ここでは大雑把にまとめています。より細かく言うならば、さまざまな表現があるとは思いますが、ここではより多くの方々に概略をお伝えすることが目的ですので、一般的な表現でお伝えしていることをご了解ください。

さて、アセンション情報は、さまざまなルートから語られています。唯一正しいものがあるわけではなく、どれもが真実の一側面として開示されていますので、私たちもこの情報のみが真実であるとは思っていません。ですから、それぞれの直観に照らし合わせて、納得するものを選んでいただければと思います。

ただし、様々な情報が氾濫しており、その程度もピンからキリまでありますので、もはや何が正しいのかが判断しにくくなっている方もおられるのではないでしょうか。今一度、基本的なところをまとめたいと思ったのは、そのような背景があったからです。当たり前のことを繰り返すことになるかもしれませんが、基本的なことは繰り返し確認すべき点でもありますので、今しばらくお付き合い下さい。

アセンションとは次元が上昇することだとお伝えしましたが、それによって現在とは変わることが大きく分けて五つあります。

一つ目は、波動の精妙さです。今の3次元よりも波動が細やかに振動するため、物質としての重さ、固さ、移動スピード等、格段に軽やかになります。肉体も霊体に近いものになるため、物質へのとらわれなどから解放されることでしょう。

二つ目は、個の範囲の拡大です。これまで物質的肉体で区切られていた個が、その境界が精妙な波動になることによって薄くなり、意識の上でも他とつながりやすくなるためです。究極はワンネスですべてつながっているということも容易に実感できますし、周りの自然環境や天とのつながりも、実際に体感できるようになることでしょう。それによって、エゴが暴走するようなこともなくなり、全体的に調和した社会が形成されていくことが予想されます。

三つ目は、設定条件の変更です。それは、すなわち次元を牽引している法則のことで、3次元では因果律がそれにあたりました。自分で蒔いた種は自分で刈り取るという、〈因果応報の法則〉です。この法則は個に区切られた自我が、自らの責任を果たすことを学ぶためのシステムでした。それが5次元になると、〈思念は現実化する〉という法則に変わるのです。もうすでにそのような考え方が、馴染んでいる方も多いことと思います。

四つ目は、出来事が見事なタイミングによって、運ばれてくるように感じることです。3次元でも本来はそのようになっていて、原因と結果からその人に生じていることは必然なのですが、霊魂と自我が分離しているために、霊魂にとっては必然的な流れであっても、自我にとっては意に反することが起きているように感じることも多いのです。

しかし5次元になって、自我と霊魂がつながりのある状態になれば、生じてくる現実は、自分に必要なことがどんどんやってくると感じられるようになります。5次元では原因と結果のタイムラグがほとんどなくなることも、その要因の一つです。3次元における物質の変化はそれなりの時間を要しますが、5次元における思念というのは、すぐに物質化＝現実化が可能だからです。

〈今〉として与えられている現実や、さまざまなタイミングというのは偶然ではなく必然的で、その秩序だった完璧さは見事です。そしてその流れをうまく使っていくという、加速化した現実にみなさんは居心地のよさを感じられることと思います。

五つ目は、霊的能力の自由な開花です。3次元では肉体や物質にさまたげられて開花しなかった霊的能力が、それぞれの資質に応じて花開いていきます。

3次元でもそれぞれの特性や能力はバラエティに富んでいますが、5次元ではそれに霊能における特性も加わります。テレパシーが得意な人、ヒーリングが得意な人、次元移動ができる人など、多種多様です。いきなり全能力が開花するというよりは、得意なところがぐんぐんと伸びていき、それぞれの専門性を持つことによって、全体としての多様性が生まれるということです。

以上が、次元上昇することによって変化する、基本的な5項目です。もちろん、皆が5次元に行くわけではなく、それぞれの魂の進化の度合いに応じて行先は異なるのですが、5次元に次元上昇した場合の基本事項をまとめさせていただきました。

そのように基本事項が変わることによって、そこから派生する世界は壮大さをもって広がります。多次元的宇宙も次第に視野に入って来るでしょうし、時間や空間についての認識も変わることでしょう。これまで信じていた世界観はガラリと変わって、まるで井の中の蛙だった、と思われることも多いでしょう。

新しい真理、流れ込んで来るエネルギー、宇宙とのやり取り、次元をも超えた旅…。多くを学び、体験されることでしょうが、それらすべてを今お伝えするよりも、それはその場に行ったときに、ご自分の目で確かめていただければと思います。

しかし、これまで述べてきたことがすでに馴染みのある方も多いのではないでしょうか。そのような方は、もうすでに波動としては5次元の状態になっている、もしくは近づいているといえます。自らの波動が変わると次の法則に順応して、その中で生きはじめるようになるのです。

なぜこのように基本事項を再確認したかというと、アセンションは自然な変化であり、決して突飛なことではなく、みなさんが今向かっている流れの先にあるものだ、ということを改めて確認しておきたかったからです。もちろん、波動の違いによる環境の変化は大きいのですが、あくまでも地球における次のステージへの移行であって、どこか別の宇宙に飛んでいくわけではない、ということです。

これまでは、宇宙からの支援の光に乗せて、さまざまなアセンション情報が地球にもたらされてきました。それは、その光によって闇をも照らせると思っていた、多くの星団が主導していたことでした。しかし、そのような流れに便乗して、クオリティの低い情報もあふれる状況になり、今、冷静に振り返ってみると、それら必要以上の情報が皆さんの意識を拡散させる結果にもなっていたのではないかと、私たちは危惧しています。

そこで今一度、基本を振り返ってまとめたのが、以上の5項目でした。

▼アセンションに向けての心構え

では、アセンションが今後あるとするならば、それに向けて私たちはどのような心構えで過ごせばいいのでしょうか。

❶ 愛に基づいた意識的な選択をすること

まずは「愛に基づいた意識的な選択をすること」です。地球全体のアセンションの可能性がなくなった今、二極化した闇の方にいる方々はアセンションはせず、もう一度3次元で学び直すことになります。ですから、人類全体が自動的に押し上げられて、次のステップに連れていってもらえるわけではありません。

「ただ流れに乗っていればいい」という意識だけでは、いつの間にか二極化したもう一方の流れに巻き込まれていくこともあります。あらゆる未来の可能性がある中、あなたの意志で主体的に選択していくことによって、光（より高い波動の世界）への道を進んでいくことができるのです。

〈則天去私〉ということで、天の流れに身を任せることを意識的に選択するのであればもちろんよいのですが、それがただ目の前の状況や感情に流されるだけにならないよう、よくよく意識（気づき）の光を内面に灯し続けていただければと思います。

❷今、目の前の現実に向き合うこと

次にあげるならば、「今、目の前の現実に向き合うこと」です。〈今〉の中に、すべてがあります。今、ここにいる自分は、過去と未来の自分ともつながっていて、今、どのような気づきや理解をするかで、それが過去や未来にも影響を与えています。ですから、〈今〉というのは、あらゆる可能性を秘めているのです。

今、立ち現われてくる現実は、完璧なタイミングで〈あの世〉のあなた自身が演出したものです。それに真摯に向き合っていくことこそが、〈あの世の私〉からの愛に応えていくことであり、そして過去や未来を創っていくことにもなるのです。

❸明るく希望をもって、未来を思念すること

そして最後の一つは、「明るく希望をもって、未来を思念すること」です。思念の力については、それが現実化すると、すでにお伝えしました。暗い情報に心が曇ったり、恐れに支配されたりすることなく、強い意志をもって光の方に進んでいただければと思います。

そのようにすることは、前進する道先を照らすことはもちろんですが、新しい地球を創造す

ることにもつながっています。みなさんがより愛にあふれたイメージを持って生きることで、それが美しい光として放射されていくのです。

その光がどんなに美しいものであるかは、みなさんの想像以上のものがあります。ご自身がこれから住まう場所そのものに対して、想念のエネルギーを提供している、ということでもあるのです。

さてここまでで、アセンションに向けてできることとして、「愛に基づいた意識的な選択をすること」「今、目の前の現実に向き合うこと」「明るく希望をもって未来を思念すること」を提案しました。これなら今からでも、誰にでもできそうなことです。私たちは一人でも多く、新しい世界にご招待したいと思っていますので、みなさんが諦めない限りは、誰にでも支援の光は届くはずです。

二極化したもう一方の闇のエネルギーは、日々その勢いを増し、各地で頻発している自然災害は、そのエネルギーが発散されつつある兆候ともいえます。この3次元の世界は、これまでの因果の精算をしなければならない状況ですので、それには自然な浄化作用が働くことでしょう。

それに対して私たちがすべきことは、それはそれとして受け止めることです。それを食い止めようとしたり、心配や不安に巻き込まれる必要はありません。そのような恐れではなく、明るい希望の光に焦点を当てていくことこそが、みなさんの仕事です。私たちが意識を向ける先は、アセンションした〈新しい地球〉の5次元です。

アセンションは間もなく起こります。より高次元からの〈リセット・リスタート〉と同時に、次元の扉は開くからです』

3 直日――高橋信次さんとの対話

その後まもなく、また新たな展開となりました。

2016年11月13日

『これまでは、ヤハウェの系統におけるメッセージを受信する必要があったために、そちらに意識を向けていただいていました。と言っても、あなたの本体がヤハウェなのではなく、あなたの右手がヤハウェということです。意識の明度に応じた真理が、徐々に明かされていきます』（※ヤハウェも、次に出てくるアマテラスも実際の信仰対象となっている神というより、象徴的存在として、陰陽マークを形成する両極的なものの象徴として語られている）

「では、次は左手のメッセージが始まるんですね」

アマテラス『これまで日本では、明確な言葉で語ることはせず、すべてを無意識のうちに把握する、そのような在り方をして参りました。なぜなら、本来の神道というのは、神ながらの道で、神とひとつになることを目指していたからです。

すなわち、西洋のように神と人を分けず、自然と人も分けずに、つながった同一のものとして隔てることをしてこなかった、ということです。隔てないからこそ、言語化されることもなかったのです。

このような東西の違いは、なるべくしてなっている理《ことわり》です。それがなにゆえだったのかを、これから日本の皆さんに説明したいと思います。それはこれまでも語られていた切り口ともいえますが、その受動的な意味ではなく、もう少し能動的な、しかるべき意味というものを捉えてまとめてみたいと思うのです。

これがいよいよ語られるということは、今までのように静かに受容していた時期を超えて、これから私たちが結びの役割を果たす時が来た、ということです。皆さんがお考えの神道、日本のあり方というものの許容域を超えた、変化のうねりを起こすような話もあります。

しかし、時代というのはずっと平穏に継続していくものではなく、創造と破壊を繰り返す中で、絶えず新しい循環を生みだしています。それこそ、わが国の〈常若《とこわか》〉の思想ですので、これまでの概念にしがみつかず、新しい風を迎え入れてくださいますよう、どうかよろしくお願いします。

さて、西洋と東洋の役割の違い、スピリチュアリズムと神道については、「サラ・メッセージ」にすでにまとめてはありますが、ここで簡単におさらいをしておきましょう。この二つに分かれたこと、それがこの地球の大きな特徴であり、一つの鍵でもあるのです。

それはどのようなことかと言いますと、霊が地上に降下した時に、陰の性質と陽の性質とに分かれた、ということです。西洋では陽の性質を、東洋では陰の性質をもつことになりました。陽とは進む力、外に広がり、ものごとを分離させる力を秘めています。陰とは集まる力、内にもぐっていくような、すべてのものを内包させていく力を秘めています。

その陰と陽が地球の東と西で、まるで磁石の端と端のように振り分けられました。これはどちらかにS極を置けば、反対側はN極になるような道理なのです。

その場所がなぜそうなったのかといえば、天からのエネルギーの注入口(すなわち地球のチャクラのようなもの)に日本があり、その形成段階から、それらのエネルギーを受けて成り立っていたためです。つまり、はじめから日本の役割は決まっており、一貫した使命があったということです。その使命は、最後に〈ひとつにまとめる〉というものでした。

西洋における分かつ神はヤハウェでした。東洋における一つにまとめる神はアマテラスです。もちろん、そのように名付けたのは、より大きな光(エネルギー)のそれぞれの働きに対する役割名のようなものです。ですから、これまでの旧約聖書の神・ヤハウェのイメージをひきずったり、日本神話の天照大神を持ち出したりと、そういう宗教談義をしたいわけではなく、もっと大きな視野からの話をしています。つまり、個々の宗教の枠組みを超えた、この惑星における時代の始まりと終わりにおける使命として、受け取っていただければと思います。

私たち日本の使命は、最後に一つにまとめることだ、とお伝えしました。では、それはいったいどのようなことなのか、神道の言葉を借りて説明しましょう。

それが、〈直日《なおび》〉という言葉です。この言葉は、これまでしっかりと語られることはありませんでしたが、いざというときに思い出せるように、神道の言葉の中に据え置かれてきたものです。それが意識化される時まで守られ、余計なイメージがまとわりつかないように、これまでその解説もあいまいにされてきました。私は今、この言葉をいよいよみなさんの意識の光があたるように、使いたいと思います。

直日とは、大元の光と一体化し、その光をまっすぐに受けている、という意味です。つまり、各人の魂の中でも最も光っている中核の根源のことを指します。これまで、神道においては〈直日〉と〈禍日《まがつひ》〉として二極化した言われ方をしますが、実はそうではなく、直日の裏・表に光と影があり、その影の部分を禍日と呼んでいたのです。

西洋では光と影、善と悪を分けて考えてきましたが、その陽なるエネルギーから、それはしかるべきプロセスであり、その働きのために自我を持つことができました。逆に言うなら、無意識のままでは光と影は混然一体化したままなので、自我によってそれを意識化することによって、光と影は二極化することができたのです。しかし、善悪を分け隔てたことによって、その両方を含む根本の光（=大元の神）には意識が行かなくなってしまいました。

しかし日本では、無意識の中に神の概念を置くことによって、光と闇や善と悪を分け隔てることなく、一つのものとしての神をとらえることになりました。それが直日を心の中に保ち続けることにもなったのです。皆さん全員の中に直日はあり、それを意識することができるようになれば、とても大きな光を放つことになるでしょう。

そしてその光は、この時代の終わりを結ぶ時に、分け隔てられた光と闇を一つにまとめる働きをするのです。それが私たち日本の役割であり、時代のはじまりから据え置かれていた私たちの使命でもあるのです』

２０１６年11月15日
『時代のはじまりの神話は、生成の過程が想起（イメージ）できるように記されていました。そのようにはじまった日本では、様々な出来事が生じて、歴史や文化を形成してきました。
しかしその中で、変わらずに繰り返されて来た自然の摂理というものもありました。それが、春夏秋冬です。そのように四季が移り変わるというのは、私たち日本人が自然の循環するさまを、心に浸透させるために与えられた環境なのです。そのようにして、変化を受け容れる精神を無意識的に培われてきた、ということなのです。

変化していくこと、それが自然の姿です。そして変化するということは、生じれば滅する、始まりがあれば終わりがある、という流れを無限に繰り返すということです。それは、細胞のようなミクロの世界から、宇宙規模のマクロな世界に至るまで、あらゆるものに共通する物質的な法則です。

地球自体が消滅する時期はまだまだ先のことなのですが、地球の中での一つの周期（春夏秋冬）は、まもなく区切りがやってこようとしています。つまり、1サイクルの終了を意味する冬が、間もなく到来するということです。

そのような変化を、私たち日本人は無意識のうちに受け容れています。長年培われてきた精神性が、全体の集合意識として存在しているからです。さらには、それぞれの魂が生前に、この変化を受け容れると約束して生まれてきています。もう少し積極的に言うならば、この変化の時に生まれたいと望まれた方々が多いともいえるでしょう。

では、このような変化の時に、私たちは何ができるのでしょうか。それは、あなたの内にずっとしまい込まれてきた〈直日〉を見出すことです』

2016年11月16日

『直日から分かれた光と闇は、あらゆる物的世界と霊的世界のすみずみに至るまで見出せます。その光と闇が働き合って、全体の秩序を保っているのです。その闇は光と拮抗する働きをしますが、それ自体も直日の一側面である、ということです。あらゆるものの中に神霊が宿るとする神道精神を基盤とする私たち日本人は、そのような概念もそれほど抵抗なく受け容れることができるのではないでしょうか。

神を象《かたど》るものとして、神道においては鏡が祀られていることの意味を、みなさんはもうお分かりのことと思います。光と闇を合わせ持つ大元の直日は、みなさんの中にもあるということです。では実際に自らの直日に近づき掘り起こすには、どのようにしたらよいのでしょうか。それは、無意識的に受け容れてきたことを、少しずつ意識化していくことです。

例えば、地上にいるみなさんにとって〈天〉とは、ある意味、無意識の世界のことといえます。そして〈地〉とは意識できる世界です。天と地が一つになるというのは、無意識の世界を限りなく意識化していくことなのです。無意識だったことを一つ一つ意識化していった先に（つまりは心の最奥に）直日は在ります。それはあなたそのもの、神そのものであり、あなたと出会うことを心待ちにしています。神ながらの道とは、その直日へと向かう道をいうのです。

私たちはこれまで、内なる神を無意識の世界に置くことで、その純粋性を守ってきました。

顕在意識の上にそれを引っ張り出せば、地上的人間の手あかがついたことでしょう。ですから、それをひたすら無意識の中、直観の中に置いたままにすることが、日本の役割であったのです。時代のはじめからあり、しかも手あかのつかない素朴な神が、私たちの中に眠っているのです。その直日を今、意識の上に持ち出そうとしているのは、この時代を終わるにあたって、これまで分かたれてきた光と闇を一つにまとめる時が来た、ということです。その直日の光が放たれるならば、この世界の観念はまた元の振り出しに戻ることでしょう。一旦神の懐に戻り、そしてまた新たな時代を創っていくのです』

天界では、日本陣が祝いの宴会をしていて、浅野和三郎さん（※日本の心霊主義運動の父と呼ばれている）が手を振って近づいてくる。

『いやー、いよいよ私たちの出番ですな！　よろしく頼みます！』

その宴会に高橋信次さん（※『人間釈迦1～4』などの著者）もいて、近づいてくる。

『私も語りたいんだが、そうそう、仏陀のメッセージを書いてはくれぬか。私がご紹介しよう。

こっちだ』

洞窟の中のような真っ暗な道を先導してくれる。視界が開けると、菩提樹の木の下に座る仏陀が見える。まるで夢の中かファンタジーの世界のように、木や地面の草が発光している。

『私はゴータマ・シッダルダだ。まだ仏陀ではない。語るよりも、まずは体験がよいだろう。私と一つになりなさい。悟りへの道を共に体験しなさい』

合体すると、座っていた地球そのものが透明になり、そして消えていった。私を中心として、前世のパネルが何百枚もまわりを囲んでいる空間が現れる。自分が光になると、その光を受けて、それらのパネルが、砂のようにサーッと落ち、砕けていくように消えて、光に戻っていく。

『直日とは、目がくらむような単なる光ではなく、すべてを明らかにするまったき意識のことを言う。悟りとは、そのまったき意識に至ることである。現象世界というのは、意識の曇りによってつくられた仮想世界、夢の世界のことだ。悟りに至れば、その世界はただの幻だということが分かるであろう。そしてそれらの世界は、もとの光に戻り、消えるのだ』

「〈私〉も消えるのでしょうか」

『地上での一つの生は、ある大元から個に体験を区切った1パネルのことを言う。そのように個で区切らずに大元と一体になれば、個の〈私〉という感覚は消えて、全体自己と同一化する。無我とはそのような意味だ』

2016年11月17日

アマテラス『では、その無意識の意識化は、具体的にどのようにしたらよいのでしょうか。それは神道の言葉では、実は語ることができません。なぜなら、無意識を意識化せずに、直観的に捉えることが、神道の最も優れた特徴だからです。それゆえ、〈意識化する〉ということに関しては、もっとも不得手といってよいほど、その術を持っていません。

ですから、過去の歴史を振り返っても、自然と一体化した原始的な生活を送る分には困らずとも、ある程度の社会ができ、他国と交流をする時代になれば、神道だけでは人々の意識の矛先が乱れてしまう恐れがありました。

そのために仏教を取り入れて、その意識化を補うことになったのです。それが聖徳太子の頃の話です。その頃から、私たちの精神性は神道と仏教の両方を程よく取り入れた形で、培われてきたともいえます。

そして今、神道が大切に守ってきた直日を意識化するにあたり、その具体的な方法を語るのは、これまでの歴史同様に、仏教的な側面からするのが適しています。ですから、そちらの方々にマイクをお譲りしたいと思います。私は最後のまとめに入りましたら、再び登場させていただきます。ではこれより、仏教的側面からの解説です』

２０１６年11月18日

ここから高橋信次さんが壇上に立って、マイクで観衆に演説するかのように話し始める。

『こうして改めてマイクを渡していただきますと、いよいよ私たちの出番がやってきたのだと、気持ちが引き締まる思いがしています。私は、日本における仏教の役割を認識し、その思想の根幹を伝えたいと、生前は奔走しておりました。霊界にいる今、私は個人というよりも、仏陀を本体とする霊統の総意を代弁する形でお話しさせていただきます。

地球における仏陀の役割は、とても大きな、意味あるものでありました。それをあますところなくお伝えするには役不足ではありますが、日本の皆さんが理解しやすい言葉で、また人間としての目線を保持した形で、お話しさせていただきたいと思います。

さて、仏教はご存知の通り、釈迦が悟りを得て、その真理とそこに至るまでの方法を人々に伝えはじめたことが、その起こりでした。どの宗教もそうですが、広がるうちにそれは変遷を遂げて、一つの枠組みのようなものができてしまいます。しかし釈迦自身は、そのように固定化したものを望んでいたわけではありませんし、ご自身は「人を見て法を説く」という対機説法をしておられました。悟りへの道というのは、皆に共通のやり方を提示するのは、非常に難しいことなのです。

なぜなら心の内面がまったく違うAさんとBさんに対しては、そのアドバイスが真逆になることもあるからです。一つの山に登るルートがそれぞれ違うのに、次は右だ左だとはいえないことと同じです。しかし、山に登る時の心構え、その注意点、歩き方の基礎というのは、共通しています。そのような共通部分を拾って、何とか言葉でお伝えするというチャレンジを、これからしてみたいと思います。

日本で広がった仏教は主に利他と慈悲の側面、すなわち顕在意識における社会的調和に役立つような〈信条〉が強調されたものでした。確かにそれは、その時代の日本にはとても大切なものであり、直観的無意識を足場とする日本人にとっては、より具体的な指針が明示されたといえます。

そして今、仏教のもう一つの側面である、〈無意識の意識化〉という内面への旅の仕方を、私たちはご紹介したいと思います。この面こそ、今の日本の皆さんには必要であろうと思われます。

仏教的な〈悟り〉とは、直日と一体化した境地ともいえます。たとえその悟りにまで到達しなかったとしても、そのように内面に向かっていけば、ご自身の魂に出会うことはできるでしょう。スピリチュアリズムで言われるところの覚醒とは、その魂との合一のことです。そして、その魂の最奥に直日は在る、ということです。

さあ、前置きが長くなりました。いよいよ本題に入っていきましょう。話は2段階に分かれます。まずは魂に至るまでの道、次は直日に至るまでの道、です』

▼魂に至る道

2016年11月19日
『魂に出会うというのは、この時代の皆さんにとってはたやすいことになってきたのではないでしょうか。昔はそれに一瞬出会うだけでも、たいそう苦労するという時代がありました。まだ魂が成熟していないうちは、人間的な欲望や感情の方が圧倒的に感じるためです。しかし今や、いよいよ成熟期を迎えられた多くの方々が、地上に降下していかれましたので、ふとしたキッカケでそれが現れてくるという状態です。

セミの幼虫が地上にはい出る時のようにその時期が来ていて、もう条件待ちの状況なのです。魂に至るまでの道は、そのような機が熟している方に対してのメッセージです。何事にも時（タイミング）があり、未だ準備ができていない人が、無理やりこじ開けるのがよいということでもありません。これを読まれているあなたが、なるほどと共感していらっしゃるとしたら、それはもう準備が整っているという証拠であるかもしれません』

２０１６年11月22日

『そもそも魂とは、心の中にある霊的自我のことです。本来は霊的世界が実在で、地上世界が単なる幻であるので、魂というのは実在界（霊的世界）に開かれた窓、ということができます。

この窓は、現象世界での学びを充分に行った上で、そこでの欲求や執着心に惑わされることがなくなった時に開きます。窓が開けば、そこから天の光が差し込んでくるため、意識の焦点が天に向けられるようになります。

人の意識は通常、心の闇の中を見ようとはせず、外からの刺激に無条件に反応しています。その反応を繰り返すうちに、知らぬ間に独自のパターンを作るようになり、それが観念として固定化された世界の中で生きているのです。

無自覚なままでいれば、そのパターンから抜け出ることは決してできません。自分の心がどう反応し、どう流れていくかを自覚化・意識化することで、はじめてそのループから抜け出て、巻き込まれることはなくなります。

意識化するというのは、非常に大切な道です。それは、自分のありのままを観るということです。八正道（※釈迦が最初の説法において説いたとされる、涅槃《ねはん》に至る修行の基本となる、正見、正思惟、正語、正業、正命、正精進、正念、正定の8種の徳）の〈正見〉とは、「ありのままに観る」という意味です。人間的な狭い視野からではなく、霊的な目で見るかのようにただ観察すること、それが正見です。それがなされれば、その他の項目は自然とついてくる、と言ってもいいほどなのです』

２０１６年11月23日

『心の内面を丁寧に観ていくと、それまで無自覚にとらわれていた観念が、一つずつ意識化されていきます。暗闇の中を歩く時、足元に石が転がっていれば、つまずいてしまいますが、そこに石があると分かっていると、気を付けて通ることができます。そのように自分の心の癖が分かれば、それにつまずくこともなくなっていきます。

なぜ心の中が大切かといえば、それは地上ならではの個我を持ったことによる執着や嫌悪の種がそこにあり、無自覚なままでいるとそれが育って、次第に行動を駆り立てたり、（嫌悪するものを）拒否させたりと、心の自由を奪っていくからです。

そしてそれらは、人の心をある意味、裏の方からコントロールするようになり、その奥に内在する魂などまるでなかったかのように、表層的なところで自分を駆り立ててしまうのです。これまでの時代は、そのような我欲が噴出している時期でしたので、それを自制するために〈足るを知る〉ということを諭したり、〈八正道〉として正しい行動規範を提示したりしていたわけです。

ただし、これを読まれているみなさんは、数々の前世で個我の訓練をし、その段階における学びは終了されていることと思います。今はその段階を超えている方々に、その先の方向を示す時期となってきました。

いずれにしろ、心の無意識の動きにとらわれなくするには、〈今、ここ〉に意識の焦点を置いて、そこに生じてくるものをあるがままに観ること、それに尽きます。あらゆる感情も、生じてくるままにしておくということです。それを意識的に観ていれば、無自覚にその感情にはまりこむことはなく、自然と消えていくものだからです。

魂とは、心のさまざまな波立ちの、さらに奥にあります。心が波立っている時は、その奥にある魂にまで到達することができません。例えば一日一回は瞑想を心がけるなどして、心を静かな凪の状態に鎮めた時などに、はじめてとらえることができるようなものなのです。日々それを繰り返して魂に意識を向けていると、次第に心がどのような状態にあっても魂を感じられるほどに、その存在は確かなものになってくることでしょう。

以上は心の内面を降りていって魂に触れるという、いわば順当ルートをご紹介しました。ルートはこのような瞑想的な方法だけではありませんので、ご自分に合った内省方法を選択していただければと思います。

一方、このように内面を降りて行くような方法ではなく、何らかの外的・内的刺激によって、一気に覚醒する方もおられます。そのような方はすでに準備ができていて、単なるきっかけ待ちの状態であった、といえかもしれません。現代は、そのような方もかなり多いのではないか、と思われます。

ただし、一旦魂に出会ったからといって、心の荒波にまたすぐにかき消されて、一瞬かいま見た程度で終わるかもしれません。持続して魂の光に触れるためには、心の中の問題を棚上げせずに、日々しっかりと向き合うことです。自我が暴走しないよう、内省を怠らない姿勢が大切です』

▼直日に至る道

２０１６年11月26日

『ここまでは、魂に至る道の話をいたしました。次は直日に至る道への話です。

そもそも天と地が分かれた時に、意識と無意識の領域に区切りがつけられました。そして、その配分は時代によって変遷を遂げてきましたが、神と合一している時は、意識の多くは第１層の魂に向けられていました。常に神を感じ、神と共に在ることを意識していたということです。神からのメッセージも、頻繁に受け取っていたのはそのためです。

しかし今では、意識と無意識の間に、分厚い雲がかかったかのように（心の中の）天と地は分離しています。地球表面のモヤというのは、人々の心の内部で生じていることでもあるのです。むしろそちらが源泉だとさえいえます。

悟りに至る道というのは、このことをよく知ることです。すべて自分の内的世界で繰り広げられている想念の世界が、３次元の現象世界として映し出されているのであって、（天なる）霊的世界にこそ実在があるのだ、と確信して思うことです。そうなった時に、悟りへの道をすでに歩き出しているといえます。悟りというのは奥深く、何段階かステップがあるのです。

実在界が天の霊的世界だとすれば、現象世界にいる〈私〉は影のようなものです。無我とはそのような意味です。地上的な私へのとらわれから解放されて、自らを天にゆだねることが出来るようになった時、また一つステップを上ることになります。

そして次の段階に行くと、実在界すらも〈空〉だと悟るのです。すべてが幻、〈無〉だったということです。実在は天にあると思っていたけれど、その天地のもとをたどるとそれさえも無なのです。この無を分かることが、直日につながる悟りの極致です。

天地という概念すらも、無から想念として生みだされた一つのビジョン、一時の夢の世界にすぎません。私たちがまったき意識そのものになれば、すべての夢から覚めることでしょう。それは、何も無いという、虚しい世界というわけではありません。光と闇に分かれる前の、はじまりに戻るということです。

生きている間にこれらのことが体感として分かるならば、地上的なとらわれのほとんどから解放されることでしょう。かと言って、悟りの境地に達したいという我欲もまた、とらわれの一つですので、あまりそこに固執することもありません。

別にひたすら修行しなくても、昔の日本人のように農作業をしながら自然に親しみ、目の前の日常を丁寧に生きることによって、そのような心境にたどり着く方も多いのではないでしょうか。〈今、ここ〉の中に、悟りへの道はあるからです。

いかがでしたでしょうか。少し長くなりましたが、無意識を意識化していくという繰り返しの中で、その段階ごとの境地があるということが、お分かりいただけたでしょうか。釈迦の役割とは、この世の苦しみや輪廻から解脱する方法を提示することでした。そして今、その流れをくむ私たちが、このようにみなさんのお役に立てたことをうれしく思っております。

天界では、これまでの日本の歴史に関わった方々が、その霊統に関係なく一堂に会して、この大変動の時を見守り、みなさんを激励しています。共に、日本における使命を果たして参りましょう。そして、みなさんの長い輪廻にとっても、最終章にふさわしい時となるよう、お祈りしています。マイクをお返しします。どうもありがとうございました』

2016年11月28日

アマテラス『このような仏教的側面からの説明は、ゆるやかな大海のような私たち日本人の意識に、勢いのある海流が流れ込んでくるかのようではなかったでしょうか。〈一つにまとめる〉という私たちの役割は、このように流れ込んでくるものを、すべて受け容れていくことなのです。

必要な流れを取り込んでいくと、渦潮のようにエネルギーが回り、そしてその中心に一本の柱がすっとできると思います。そしてここからは比喩ですが、入ってきた積極的なエネルギーと、本来もっている私たちの受容的なエネルギーが、その一本の柱にくるくるとからみあって駆け上がる二体の龍のように昇華していくのです。

私たちの中にも、積極的な荒魂と受容的な和魂があり、その二つは陰陽マークのように回転しています。「陰極まれば陽となり、陽極まれば陰となる」といいますが、そのどちらも求めながら逃れ合うことで、運動をもたらしています。これは光と闇にもあてはまる二極性の原理です。

ですから、私たちは荒魂のエネルギーを自ら受け入れていくことで、全体を大きく回していく動力となることも可能です。そのエネルギーの回転が、直日に達するための力にもなるのです。直日とは、自らの荒魂と和魂の両方がしっかりと作用しあった先に、あるものだからです。

そして最後に、直日に至るための最も大切なことをお伝えして、この文章を締めくくりたいと思います。

それは、「素直になること」「正直になること」です。これに勝るものは、他にありません。直ぐなる心になった時、あなたは神と共にいるのですから』

4 根の国(龍宮城)── 浅野和三郎さんとの対話

高橋信次さんに次いで登場されたのは、スピリチュアリズムを日本にもたらした浅野和三郎さんでした。まずは対談から始まり、後半には龍宮(根の国)に行くビジョンへと変わっていきます。

2016年12月1日
浅野和三郎さんが浮かぶ。インタビューするようなセッティングで、椅子が二つ置かれているので、霊媒の私はその右側に座る。浅野さんの胸にはピンマイクがつけられている。

「浅野さん、今、小桜姫物語を三分の一読み終わったところです。何年か前に一度手に取って、パラパラとめくってみた時があったのですが、その時は幽界(アストラル界)の話だから私には関係がない、と思っていたのです。しかし、今読むと染み入るように内容が入ってきて、とても大きな布石になっていたのではないか、と思われました。浅野さんは当時もそれが分かっておられたのでしょうか」

『審神者というのは不思議なもので、そのことの真実味や重要性が直観的に分かるものです。そういう意味では、非常に深い内容につながるものであるという予感はあったものの、その後の展望や全体像がしっかりと分かっていたわけではありません。しかし、事は始まったばかりで、次につなげていくための資料作りという意識はありました。

私は、当時の人々にこれらの本を広げようというよりは、いずれやってくる大きな潮流のために、ここまでの情報をまとめて、次に引き継いでもらう、という気持ちがあったように思います。つまり、そのような時代的な立ち位置として理解していました。

しかし、死後により開けた意識でその当時のことを振り返ると、私が成した事、記録しまとめた本は、霊的世界の諸君に最も愛読されていたことが分かりました。地上の現実というのは、天界の現し世でもありますから、すべてがまずは天に影響するのです。最初に天での動きがあり、地上にそれが現れてくる。そのような順序がありますから、皆さんがされている記録も、まずは天に影響するものだという認識を持っていただいてよいかと思います。地上の皆に広めること以上に、そちらの方がはるかに影響力はあるのです。（※天から降ろしたメッセージが、まずは天に影響するというのは、奇妙に感じられるかもしれないが、アカシック・フィールドに漫然とあった情報が、

地上でしっかりと言語化されることによって、まとまったアカシック・レコードとして書き込まれる、ということがあるようだ）

そして、この本を以前にも手に取ったということですが、3年前のあなたにはこの本は無縁だったのです。本でも人でも、出会うのにちょうどよいタイミングがあります。今後も、興味がわくかどうかで、ちょうどいいタイミングかどうかを判断してみてください』

「まず質問なのですが、本の中の〝龍神は人間の創始者だ〟（以下に抜粋）というところに関して教えてください」

小桜姫　「龍神さんはやはり人間のご先祖様なのでございますか？」

指導霊　『さよう。先祖といえば先祖であるが、むしろ人間の遠祖、人間の創始者と言ったがよいであろう。つまり龍神がそのまま人間に変化したのではない。龍神がその分霊を地上に下して、ここに人類という一つの新しい生物をつくり出したのじゃ』

小桜姫　「ただいまでも龍神さんはそういったお仕事をなさいますか？」

指導霊　『いや、これは最初人類を創り出す時の、ごく遠い太古の神業であって、今日ではもはやその必要はなくなった。そなたも知る通り、人間の男女は立派に人間の子を産

んでいるであろうが・・・』（『小桜姫物語』（潮文社）176ページより抜粋）

浅野『龍は、私たち日本人にとって、いや世界にとっても、歴史を紐解く鍵になります。そのため、神話の中に大切に保存されてきたのです。

この本の中にもあったように、日本神話の天皇の祖は、ワニ（龍）の姿で出産した豊玉姫にたどりつきます。豊玉姫は龍宮に戻り、その海中御殿が龍宮城と呼ばれました。これらはもちろん、象徴的な話でもありますが、事実としても非常に精度の高い本質が語られているといえます。

すなわち日本人の祖というのは、龍神が生みだしたものである、ということなのです。龍神の本体は光であり、あくまで龍の姿で現れる神ということではありますが、それがなぜ龍なのかを、これから少しかいつまんでお話しいたしましょう』

「あ、浅野さん、姿が龍になっています!!」（大きな白龍となり、しっぽをくねらせている）

『ここからの話は、この姿の方が話せますので。また後で浅野に戻りますから、しばらくご容赦ください』

「ど、どうぞご自由に。しかし白龍というのは一番位が高いと、小桜姫の本に書いてありましたが(龍にも下級から上級まであり、茶黒色系からはじまり、霊格が上がるにつれて色は薄くなり、最後は白になるとのこと)」

『たまたま地球を担当するのが長い年月となったものですから、順序から言って古い魂がどんどん白龍となっていくだけのことです。おじいさんだと思ってください』

2016年12月7日

『昔々のその昔、私たち霊群は宇宙からやってきました。地球はそのころ、まだ肉体をもった人間は誕生してはおらず、原初の霊たちは地球全体で一つの意識として、とても穏やかに(より正確にいえば、昏睡した無意識群として)存在していました。

私たちは地球を統括する日の神と相談し、全体としてただあるよりも、個に分かれていろいろな体験ができる仕組みを創ることにしました。そのために、まずは天地を分けることになりました。すると地上では、水生生物が陸に上がり、両生類や爬虫類として進化しはじめるようになりました。

私たちはまず爬虫類の体に霊魂として入り、地上での体験を積み重ねました。その後、恐竜のように荒ぶるものもいた中で、集団意識ではありますが、霊的進化をとげていった種もありました。その中で最も霊的に進化した霊群が、龍の姿となっていったのです。

そのような龍神は、再び日の神と相談して、いよいよ当初から予定していた個の進化を体験する道を歩むことにしました。地上ではその頃、人間としての器がようやく整った時でもあり、旧約聖書にあるアダムとイブの神話は、その頃のことでした。個の選択の自由を得た人類は、それぞれに学ぶという体験をはじめたわけです』

『さて、ここで浅野に戻ります。(龍から浅野さんへと姿が変わる。浅野さんは、サイドテーブルにおいてあった水を一杯飲み、入神霊媒で話していた人が正気に戻った時のように、改めてメガネをかけ、深く息を吐いて居住まいを正した)

ここからは、その流れの中での、日本に焦点を当てた話です。レムリアやアトランティスの文明が滅び、私たちも反省をして、人類の特性を分けて様々な文明を世界中に分散させることにしました。

そこで、一つの大きな霊体を五つに分けて散らし、その本体を日本に置いておいたのです。その結果、それぞれに色を放った文明が、世界各地で興隆していきました。日本はそのはじまりの拠点として、大元の霊である龍神が統括していました。

つまり、今回の周期のはじまりにおける霊的源流は日本にあり、それを統括しているのが地球原初からいる龍神ということです。もちろん、支流や他方向からの潮流もありますので、地球のすべてが龍神の管轄というわけではありません。

しかし、天地をつなぐ最も太い柱であり、それが日本の背負っている使命でもあるということです。はじまりを創った源流の役割は、終わりにおいては、散らばった霊統を再び一つにすることであり、結びの役割を果たすということです。

その役割の一端として、西洋のスピリチュアリズムが日本に入って来るのは、非常に重要なことでした。散り散りになった文明から生まれた、さまざまな宗教の共通基盤がスピリチュアリズムにあり、それが日本古来の神道と再び重なり合うこと、意識的にもその合一がなされることによって、霊的世界の概念も飛躍的に意識化されたといえます。

今、その重なりの中で、もう一度日本の役割を振り返っていること自体が、霊的世界における結びの仕事をしていることにもなるのです。つまり、無意識の中で重なり合っていたことを、改めて意識化していくプロセスの中にある、ということです』

2016年12月8日

「龍神はプレアデスだとかレムリアだという人もいますが、最初に地球に来た宇宙人は、どこから来たと思えばいいでしょうか」

『〇〇人という限定を超えた多次元的意識です。レムリア時代にはレムリア人だったこともありますし、プレアデス人であったともいえます。どこかの時点で区切って見れば、〇〇人となりますが、そうすると実態とは離れた狭い意味になってしまうために「宇宙から来た」という言い方にとどめました。

これから皆さんが地球を卒業して宇宙に行かれたなら、もしかしたら「地球人」と呼ばれるかもしれませんが、地球を経験した意識体という方がより近いですし、その経験もワンネスという意味ではすべてに伝わりますので、実はそのような定義すらも取れていくことになるでしょう。

少し脱線したでしょうか。龍神の起源は、ルーツは…ということを限定するのは、あまり意味がないことをお伝えしたかったまでです。いずれにしろ、日の神の許可のもと、地球の進化に献身した神々である、と思っていただければよいかと思います』

「小桜姫は他界後の幽界（アストラル界）で龍神に導かれていましたが、皆そのような段階を経るものなのでしょうか」

『幽界は、地上で体験した感情やこだわりなど、地上的執着の諸々を浄化していく階層です。そこは地上で体験した風景や観念から想起される世界を、各人やその守護霊が作り出している世界です。

例えば、キリスト教信者の方にとっては、天使がガイド役になることが多いでしょうし、まわりの風景もその方に馴染みのあるものとなることでしょう。そのように国柄や信条などによって、見えてくる世界はそれぞれ違うのです。

それを前提とした上で、日本に生まれ育った方を例にとると、上層に行くに従って日本人の集合意識を具現化した世界が、展開していくことが多くなります。ですから、共通のイメージである神社や龍神などが登場して、そうした舞台背景のもとで霊的向上進化の道を歩むことになるのです。特に小桜姫は、龍神にゆかりのある魂であることもあって、そのような体験となった次第です。

私たちは、決して龍神としての威厳を示したい、と思っているわけではありません。龍であろうとなかろうと、それぞれが神に近づいていくプロセスにおいて、見えてくる景色は何でもよいのです。龍に出会ったから、どうこうということではありません。

しかし、このように龍神のストーリーとして展開した地球の歴史、その流れの中での日本の役割をご紹介することで、この物語に親和性を持つ魂が、なぜこの日本に生まれてきたのかを思い出していただければ、と思っております』

「日本人全員が龍神に関係する、というわけではないのですね」

『今は、半分もいないかもしれませんね。昔は日本人としての集合意識に、しっかりと根ざした方が多かったのです。しかし、この頃は使命によって、あえて日本を選ばれた方（本来の霊統は西洋人であったり、異星人であったりしても）も多いでしょうし、また集合意識自体も分散傾向にあり、共有の神話を持っているとは言い難い時代にはなってきました』

「共有の神話を持てなくなった場合、霊界ではどのようになるのでしょうか」

『それが困ったことになるのです。神話がないということは、神がいない世界で生きているということにもつながるので、幽界でもなかなか神に出会えないのです。無意識の中に神話や神の概念があれば、そのような世界が死後に展開されていき、心を浄化していく舞台となるのですが、今はそれがなかなか進まないために、幽界は大渋滞となっています。死後の世界を認めなくなったと同時に、人々は神をも認めなくなっているということなのです。目指す神がいるからこそ、霊的向上の意欲は出てくるわけですが、それがないならば、向上する意味を見いだせずに、ただあちこち漂ってしまうというわけです』

２０１６年12月9日

「それでリセットが必要なのですね」

『そうです。本来、幽界とは地上の垢を落として、３次元の夢から覚めるための浄化槽であったわけで、そのための舞台背景として人類の集合意識が使われていました。そこに神が不在となれば、夢から覚めることができずに、幻想の中でまどろむことしかできなくなるのです。神話は集合意識の中に、はじまりの物語を保存すると同時に、その物語の終わりにおいても、大切な役割を果たしているということです』

「今、実際に幽界の低層はどのようになっているのでしょうか」

『幼い頃の原風景の欠如から、自然や里山を想起できない都会人は、死後もビル群の中をうろついています。携帯を手にして、コンビニの灯りを求めるという、そういう世界からなかなか抜け出せずにいます。

直子さんが行なっていた描画テストでは、心の中の風景と自分が描かれますが、そこには死後に想起されるであろうイメージの世界が、如実に反映されるといえます。統合的な絵が描けなくなった時点で、死後の世界に行った時の背景描写が描けなくなっている、ということなのです。（※描画テストでの問題はシリーズ3にまとめている）

また3次元の現実世界にいながら、仮想世界にはまりこんでいるケースも多々あり、その場合はもっとやっかいです。夢の中でまた夢を見ているわけで、それを覚ましていくプロセスは、こんがらがった毛糸をほどいていくような、気の長い時間が必要だからです。

日本は集合意識がしっかりと根をはり、その中で共有する神話というのも、長い間保持されていました。ですから、霊的源流にふさわしく、死後に幽界を上昇していくプロセスはきわめて順調で、滞りない循環を保っていたといえます。他の国でも、そのような健全な流れを保っているところが、ごく少数あるかもしれませんが、全体的にはその滞りは致命的なところまできています。日本もその例外にもれず下降の道を歩み始め、もはや再起不能の状態です。

ゲームが続行不能になるとリセットボタンを押すように、この地球ももう一度新しくスタートするしかありません。それは、幽界に閉じ込められている霊たちの救済でもあり、天地の循環を取り戻して、はじめからやり直すチャンスなのです』

２０１６年12月11日

「小桜姫は、幽界、霊界、神界のどこにいたのでしょうか。また浅野さんの、幽界→霊界→神界という分け方と、ドイルさんのアストラル界→精神界→天界という分け方は、同じであると思ってよいでしょうか？」

『小桜姫は死の直後は幽界の中低層階にいて、そこから上昇して、小桜神社ができるころには精神界の中層にいました。海辺での回顧の場面で、（幽界の最上層での）その人生における振り返りを終え、その後から精神界に行ったと考えていただければよいかと思います。

私が使用した用語は、ドイルさんが用いたものに揃えますと、幽界＝アストラル界と解釈してください。精神界（霊界）は、地上と天界（神界）をつなぐ階層でもあり、また地上への奉仕をして、個の輪廻の最終段階を経る層です。天界はその段階を超えて、全体としての意識を有し、主に創造的な活動をしています』

「守護霊、指導霊（指導役のおじいさんと書かれていましたが）、産土《うぶすな》の神などの役割分担をご説明いただけるでしょうか」

『産土の神は精神界にいる霊で、地上と天界の橋渡しをすることがその役目です。天界と地上はあまりにも乖離しているので、仲介した方が細やかに対応できるためです。産土の神はそれによって地上に奉仕していますが、それと同時にこまごまとした人々の願いや悩みを聞くことが、自分自身の（前世を含めた）地上生活全般を振り返ることにもつながっています。

守護霊と指導霊の役割分担は、それぞれの使命によって多様な在り方をするので、一概には言い切れませんが、一般的にいえば、守護霊は同じ霊統の者が担います。守護するという役目や、大事な節目のサポートなどもありますが、大方は共に体験しているという方が適切な表現です。結局は、自分の本体や類魂でもあるので、心の中にいる自分ともいえます。地上でも、背後霊のように後ろにくっついて見守っているわけではありません。

ですから、死後（とくに精神界に近い幽界では）、自分と守護霊は無意識のところで一体化していて、目の前に現れることは少ないようです。ただし、幽界の低層においては、指導霊よりも身近な守護霊が語りかけて諭すことが多いといえます。

一方、指導霊は、より学びの深い段階にある霊が担当し、学びの段階が変わる時に方向性を指し示す、というのが主な仕事です。指導霊は一人に一人という固定されたものではなく、一人の指導霊が何人をも担当している、というのが一般的です。しかし、使命の大きな方には、何人もの指導霊が特別に配置される、ということもあります』

２０１６年12月12日

「浅野さんは審神者だったということですが、霊媒の私に何かアドバイスをいただけないでしょうか」

『もっと余談や寄り道をし、そこを審神者にカットさせるくらいの遊びを入れてみるのはどうでしょうか。真っ向勝負をして一手で終わる潔さもよいですが、ああだこうだと雑談する中から生まれる心の余裕が、あなたがはまり込んでいく煮詰まり感から解放してくれることと思います。

要点も確かに大切であり、それこそが最終的に伝えたいことではありますが、それだけに的を絞ると、それは対話というよりも伝書鳩のような任務として、味気ないものになってしまうのです。目の前で対話しているからこそのやり取りを楽しみましょう』

「はい。確かに最初は個人的な興味も含めて聞いてみようと思っていたのに、いつの間にか本筋からそれないように、要点だけに意識が向いていました。そうすると、すぐに煮詰まってしまって、もう質問も浮かばないから終わりにしよう、とさえ思っていました」

『集中とリラックス、どちらも必要なのです。その両方がないと続きません。あなたは特にリラックスの方を意識してください。たいていはもっと集中してください、とアドバイスすることが多いのですが、人の特性というのは面白いものですね』

「浮かんでくることが自分の想像なのではないかと、脇道にそれそうになると、打ち消してしまうところがあります。例えば、昨夜から小桜姫さんが見えてしまって、私はそこから意識をそらそうとしているのです」

『〈抵抗しない〉が合言葉だったのでしょう？　何度も出てくるのは、それなりに意味がある印です。公開ものですが、もし違った方向にいっても、そこはこちらでも修正できますから、導かれるままに進んでみてください。

どちらかというと、今はあなたがコントロール権を持っていますが、半々くらいの割合でいきましょう。対話にしているのはそのためです。私たちからの遊びも、受け入れてもらえると助かります』

「はい。ではご紹介をお願いいたします」

『こちらは小桜姫です。私がお呼びしました。せっかくの機会ですので、少しお話を伺ってはいかがかと思いまして』

小桜姫は桜の花びらが舞っている薄桃色の着物をきている。浅野さんの隣に立っていたが、うながされて椅子に腰かける。

浅野　『お忙しい中、お呼び立てして申し訳ありません』

小桜　『いえ。私のような者の体験でよろしければ、お話させていただきます。しかしここは私には少しまぶしいところでございますので、そう長くはいられないかもしれません』

蓮　「浅野さんが地上におられる時も、霊として語っていただきましたが、その時のことを少しお話しくださいますか？」

小桜　『はい。私は上の神さまからのご依頼により、自分の体験をありのままに語るようにということで、お話しさせていただきました。その時はもう、産土の神としてお役目を担っておりましたので、地上での憎しみめいた気持ちが残っていた当時のことを語るのが、とても恥ずかしく感じました。でも、そのようなことは皆が通る道なのだからとなぐさめられて、何とかお伝えできた次第です。それは、こちらの指導霊にも言われましたし、浅野様にも諭されたことでございます。

死後、どのような道をたどるかは、人それぞれだということですし、その方の境涯によっても行くところが随分と違うということで、はたして私の個人的体験が皆さまのお役に立つのかと、半信半疑のところもございました。

しかし、龍宮城にうかがった体験などは、それなりの血筋があったからこその体験でしたし、そのような記録を残していくことに意義があるのだとも言われました。確かにそれは、私にとってもとても光栄なことでもありました。そしてそのことも含めて、様々なことをお伝えするうちに、私の方でもずいぶんと心が整理されていったように思われます。

当時は入神形式での口述で、それは私どもへの負担が大きかったのですが、今はこのように進化した形で、お話ができるようになったのですね。私にはとても心地よく、息苦しさもありません』

蓮　「当時はどのようだったのですか？」

小桜『私どもが地上に降りて行かなければならず、それが一番大きな負担であったと言えましょう。違う波動の中に入る時の、寒々とした空気を何とかかきわけて降下していくと、浅野様と奥様が光るオーラの中に包まれているように見えてきました。
その光の中に入ると快適さが戻ってきて、そして心眼をとらえられるというのでしょうか、心がシャンとなりました。浅野様が正面に座っていらっしゃったので、その求められることも伝わってきました。そこからは自然とあふれ出るようにお話させていただいておりました』

蓮「この対談は、お聞きになっておられたでしょうか」

小桜『はい。少し離れたところにおりましたが、よく聞こえておりました』

蓮「どのように感じられたでしょうか」

小桜『はい…。まさか、このようにつながっていくとは、想像しておりませんでした。しかし、薄々は感じていたことが明確になり、衝撃すらも覚えました。龍神様の系統には、なるほどと納得いたしました。しかし、幽界が渋滞しているためにリセットになるのだ、というのは、私には…、実は…、心が揺さぶられる内容でした』

浅野　『それを受け容れられる境涯に、いよいよ来ておられるのではないでしょうか』

小桜　『はい…（ボロボロと泣き出す）。このところ、とても静かな気持ちになり、私自身がこれまでこだわっていた個我というものへの執着もずいぶんと薄れ、過去を幾度も回想していたのです。

私は小桜というだけでなく、幾度も生まれ変わった魂としての自分を見出しています。そして、もしお許しをいただけるのなら、私の本体の魂と一つになりたい、その中に溶け込みたいという気持ちが、抑えようとしても心の底から突きあがってきているのです』

浅野　『この対話が聞こえていたというのは、あなたも聞く必要があったためです。そして、あなたの方でもすでに十分な体験を重ね、魂が浄化しておられるご様子。次の段階にどうぞお進みください。天界では、さらなる使命があなたを待ち受けていることでしょう。私どもと共にそれを成し遂げてくださることを願っております』

そう言われた小桜姫は、着物の桜の花びらが一瞬にして舞い上がり、それに包まれ、光になったためか体は消えた。そして風のようにその花びらを巻き上げながら、どんどんどこかに向かって進んでいく。一緒に移動しているためか、その部屋の景色がコロコロと変わる。あっという間に海の中にまでたどり着くと、そこは龍宮城の入り口の門の前だった。中から小桜姫の声が聞こえる。

小桜　『私は豊玉姫と合体いたしました。私の個性はありますが、大きな意識に合一し、今は至福を感じております。次はどうぞ豊玉姫とお話しください。浅野様、どうもありがとうございました』

私は龍宮城に入ってみることにする。入ってすぐにあまりに気持ちよくなり、（実際に）寝てしまった。

２０１６年12月13日
龍宮へ
赤い鳥居をくぐると、壁が白、屋根が朱色の屋敷があり、その扉から光がもれ出ている。扉を開けると、中は広い空間になっている。かと思いきや、小さな待合室のようにも変形し、間取りは想念で自由に変わる。奥の扉から豊玉姫が出てくる。青とピンクがオーロラのようにまじりあった衣で、天女に近い印象と透明感がある。

『ようこそいらっしゃいました。お待ち申し上げておりましたよ』

豊玉姫はそう言うと、近くまで来て座る。何もなかった空間に、座る時にちょうど椅子が出てくる。両手で何かをもっていて、それを差し出してくれる。

「これは・・・、水晶ですか?」

『クオーツです』

「私、クオーツのことはまったく知らないのです」

『ゼロにする光の結晶です』

「直子さんに渡せばいいのですか?」

『それはあなたに。直子さんはご自身のものを持っておられます。直日を見出した時に、光りはじめました。それぞれのルーツをたどっていけば、自分の最も核となる光というものがあります。それに出会うことで、その光と合一できるのです。あなたにとっては龍宮がそれに当たります。もともとおられた場所です』

「光になってもいいですか?」(そうせざるを得ないほどの突き上げてくるエネルギーを感じる)

『どうぞ、ご自由に』

私は光になり、なんだか心が軽く喜びがこみあげてくるので、そこら中を飛び回った。するとだんだんと白龍の姿に変わる。水の中を泳ぎ回っていると、周りに仲間がどんどん増えてきたので、皆で一方向に渦を巻いて泳ぐ。私たちは何周も何周も、ぐるぐると円を描き、海底にうず潮の目の部分をつくり、そのまま一気に上昇して地上に竜巻のような水柱を立ち上げた。

龍宮に意識を戻すと、水の渦柱ができていて、宮はその核（渦の目）部分にちょうどある。そのため、外は竜巻状に水が動いているが、宮は微動だにせず、静けさが保たれている。中に入ると、豊玉姫が先ほどと同じように座っていた。

『お帰りなさい。いかがでしたか？』

「はい、なんだかスッキリしています」

『龍宮とは、龍系の霊にとっての子宮のようなところなのです。分かたれる前に一体化していた、大いなる龍神の体内です』

２０１６年12月16日

「浅野さん、質問をしてもよろしいでしょうか」

『どうぞ』

「高天原、根の国、黄泉の国、龍宮・・・。それらについて少し整理して教えて頂けないでしょうか」

『分かりました。ではまず、高天原と根の国の違いについて、ご説明いたしましょう。それらを何かに例えるなら、高天原はホワイトホール、根の国はブラックホールのようなものです。すなわち、高天原はホワイトホールのように、放出、そして生み出すという〈産出と創造〉を担っており、一方で根の国はブラックホールのように、吸収しまとめるという〈収束と統合〉を担っている、ということです。どちらの働きも、陰陽からなるこの世界では必要で、正反対の働きでありながらも、共にある裏表の関係性です。

その二つの働きは、この地球の創造源である天界の中にあるものであり、天界のそれぞれの働きです。しかし地上にいる人々が想像しやすいよう、高天原は天にあり、根の国は名前の通り地下にあるという印象のもとに伝えられました。光や雨のように上から降ってきて与えられるものは天に、死体や汚水は下に向かっていき地下に、という物質に準じた流れのままに、感覚的に〈天と地〉をつかんだためです。

黄泉の国は、根の国の中でも死者の霊魂がまず行くところとして、そのように呼ばれています。龍宮は天界において、自分の核と一体化できる、くつろぎと慰安の宮のことです。統合の要素もありますので、海中などの底にもぐっていくような背景の方が、心象風景としては合っています。

根の国と高天原が一つになるために、ぐるぐると竜巻のように回転し、陰陽に分かれたものがもとの一つの光になっていきます。そしてそれは、ただ洗濯機で混ぜたような横回転ではなく、そのうちひっくり返るトーラスのようなものとなっていくことでしょう。トーラスとは、次元をあげた回転のことです。

時代のはじまりは、高天原が起点でした。終わりはその逆で、根の国の収束する力を起点とするのです』

5 地中の5次元世界 レムリアの探訪 ——アダマさんとの対話

龍宮訪問のビジョンに続いて、その3ヶ月後には、同じく地球の地下にある5次元世界〈レムリア〉を探訪した時のビジョンが、次のように綴られました。（※地球の魂としての理想郷がシャンバラと呼ばれているが、その中にあるレムリアが霊媒の魂の故郷であったため、以下のような探訪が始まった）

▼地中の5次元世界 レムリア

2017年3月7日

地球内部にあるレムリアの人たちがいるところに行ってみる。小高い丘に、芝生のようにきれいに緑が生い茂っている。そこに恐竜の像がおいてある。チョンと触ってみると、ガラガラと崩れてしまい「どうしよう〜！」と思っていたら、『ワハッハッハ〜！』と笑い声が聞こえる。丘の影に隠れていた人たちが出てきて、私を取り囲む。どうも、ドッキリ形式で、遊ばれた模様。その人たちの見た目は、トカゲ人間だったり、カエル人間だったりさまざまだが、普通の人にも見えるし、龍などにも変身できるようだ。その中の一人の姉御肌の人が、案内をしてくれるという。それは、もう一人の〈私〉という感じ。レムリアのアダマさんを、もっと若く活発にしたような人。

「ここはどこ？」

『地球の中の5次元の世界よ。あなたがレムリアと呼んでいるところね』

「アダマさんもいるの？」（※『レムリアの真実』（太陽出版）の中で、レムリアの霊的指導者として登場する）

『いるわよ。後であいさつに行きましょ』

周りに100人くらいの人たちが集まってきている。珍しい客が来たという感じ。その人たちの間をすりぬけて、どこかに進みながら話している。

「みんな、トカゲ人間なの？」

『みんなじゃないわよ。ここはたまたまあなたのルーツに近いところに来たからそうなのであって、他の地域では異星人もいるわ。というか地球は宇宙からのDNAをもらったし、宇宙人が多く受肉してきたという話があったでしょ?

だから人間としての姿はあっても、そのルーツが5次元では少し透けてみえるの。だからみんないろいろで、面白いわよ。オーラもルーツによって結構違いがあってね。でも違うからってケンカもしないけどね。同じ銀河系の住人として、仲良くやっているのよ』

「混血もあるの?」

『もちろん。地上でも、アメリカ人と日本人で結婚するじゃない? その程度の差に感じるわね、異星人というのは』

「そうなんだ。言葉はテレパシーで話すの?」

『そうよ。あと、オーラで気持ちを表現したりもするわね』

「男女は分かれてるの？」

『分かれてるよ。５次元といっても、陰陽の法則の中にはあるわね。それでエネルギーを生み出してるの』

「ところで、あなたの名前は？」

『知らないの？　もう呼ばれていると思っていたけど』

「ナディアとしか浮かばない。南の島にいそうな小麦色の肌で、そのイメージがアニメと重なって」

『それでいいのよ！　あなたがナディアと心の中で呼んでいたから、じゃあそれにしようと思ったの』

「そんなもんなの？　名前って」

『イメージした映像が、そのままこちらに伝わってくるの。だから誰かのことを思い浮かべたら、その人だともう分かるでしょう？ ビジョンでも会話しているから、いちいち名前を使わないことが多いわよ。一応あるけど、何でもいいやってところもあるから』

「そう…。（話しながら、ずっと歩き続けている）ところで、私たちはどこに向かってるの？」

『アダマさんのところでしょ？』

「そうなんだ。（森がみえてきて、鳥の声が聞こえてくる）鳥もいるんだね」

『いるよ。空を見て』

見上げると、何十羽かの鳥が空に模様を描くように飛んでいる。描いているのは、大きな円が二つ、隣り合わせに並んだもの（○○）。

「あんなことってある？」

『鳥もメッセージをくれるのよ。私たちの会話が聞こえているの』

「あれは何のメッセージ？」

『内と外のパラダイムシフトの謎を解明しに来たんだろ？ その旅はもうはじまった。いい旅になるよう応援しているよ、だって』

「鳥がそこまで言うかな・・・」

『鳥は賢いわよ。いつも世界を俯瞰して見てる。私たちも鳥の目になって世界を見ることがあるでしょ。それができるのは、鳥がいるおかげなの。こんなやり方もあるよ、という神からのヒントなのよ』

「鳥にも意識があって、話してくるってこと？」

『自然神が動植物の意識を束ねているわ。多くは集合意識として、その群ごとに意識をもっているけれど、鳥や木など、その中でも進化した種は個別に話すこともできるわよ』

「じゃあ、木とも話してみたいな」

『いいわよ。ちょうど森に入ったわね。面白いでしょう？　ちょうどやってくるのよ、いろんなことが。意識が通じ合っているの。ところで、どの木と話がしたい？』

木に顔が描いてある木が20～30メートル先に見える。大木で、長老という感じの木。

「長老さん、こんにちは」

『(長老) やぁ、よく来たね。珍しいな、地上からのお客さんとはねえ』

「あまり来ないですか？」

『受け入れ許可が下りたのが、わしにはつい最近のように感じるが…』

『（ナディア）長老さんにとってはつい最近よ。地上時間でいうといつになるかしら』

「アセンション情報が出始めたくらい？」

『そうね。それまでは、ここはうまくベールで隠されていたの』

「どういうこと？」

『地上からのエネルギーの浸食を受けないようになっているの、ここは。地上がどんなに暗黒世界になっても、平和なのよ。この頃になって少し情報公開はしたけど、まだ誰でも来られるようにはなっていないの』

「なぜ？」

『違うサークルの中なの。鳥たちが描いてくれたでしょ？〈○○〉となっているのよ、今はまだ。上が地上、下が地下というふうに、分かれているの。セス・メッセージにあったように、純粋な5次元世界を残すために、地下に当初のひな形を埋めておいた、という感じね。○○が8になると、地上と地下は連動しはじめるの。リセットの時までにはそうなるわ。イメージの問題なんだけど、とにかくこれまでは連動せずに、それぞれでやってきたというわけ』

「なんか、複雑なのね。(森に木漏れ日が差し込んでいる)晴れていてよかった。雨も降る?」

『降らせてみようか?』

ナディアは両手を広げて目をつぶっている。心の中で雨を呼んでいるようだ。わりとすぐにポツポツと降って来る。「天気雨程度にして!」と私がいうと、『OK~』という顔をした。長老さんが『わしのところは多めでよろしく』というと、長老さんのまわりだけ、多く降って来る。

『(長老)あ~、気持ちいいなぁ。雨は最高!』

「長老さんも自分で雨を降らせたりするんですか?」

『いや、わしは受け身さ。この森を管理している人々が降らせてくれる。もちろん、わたしから要望を出すこともあるけどな』

「長老さんは、いつも何をしているんですか?」

『わしらは、ただ立っているだけではないよ。すべてをあるがままに受け止める、そして天と地のどちらにも伸びている。それを皆が見て学ぶ。わしらはとても大切な、自然という教師なんだ。そうやって敬われ、慕われ、木陰を求めて集まって来る人々に、わしらは焦らず地に足をつけて生きることを語る。そしてお互いに心が通い合う喜びを味わっているんだ』

「穏やかな日々ですね」

『そう。こんなにも穏やかだと、心地よくてな。まなざしもやさしくなってしまうんだよ』

「確かに、七福神のような垂れ目で、しわも深いけど、やさしいおじいさんだなあという感じです」

『またいつでもおいで。ゆっくり語り合おう。時間はたっぷりあるんだから』

「はい、ありがとうございます。私まで穏やかな気持ちになったよ、ナディア」

『そう、そんな気持ちになりたい時に、木と話すんだよ。ここでは無駄なものは一つもないの。みんな何かしらの表現で、世界を輝かせているの。本当は地上もそうなんだけどね。自然とのつながりが切れたから、感じられなくなっただけ。〝ミミズだって、オケラだって、アメンボダだって～♪　みんなみんな生きているんだ、友達なんだ～♪〟の世界なんだから』

「そういう歌も知ってるんだぁ」

『だって、あなたの中に今流れたから拾ったのよ』

「そ、そうなんだ。もうスケスケなのね？」

『思考やビジョンに対して無防備だから、全部放送されているわね』

「どうしよう。普通は見えないようにしている？」

『人によるけど、私はわりとあっけらかんタイプだから、気にしないわ』

「出さない人もいるんだね」

『いろんな個性があるから、シャイな人ももちろんいる。イメージでの話だけど、帽子をかぶって、それにダダ漏れ防止フィルターをつければ、外にはもれないよ（笑）』

「なるほど、そういう工夫ね。でも私は隠すより、そうやって受け取ってもらった方がいいからオープンにしておくよ」

『自分がオープンだと、相手もオープンになるの。長老がすぐに話してくれたのも、そのためよ。もし敵意をもって近づいていたら、シーンとしてシャットダウンだったでしょうね』

「長くなったので今日はこの辺で。また明日、ここから始めればいいの？」

『やってみて。何でも自分で確かめなくちゃ』

2017年3月11日

朝、何もしていないのに涙があふれてくる。愛が中からわき上がってくるような感じで、とても穏やかな気分。地下の探索で、魂の故郷に戻ってきたからだと思う。

ナディアと再び会い、森の中を少し進む。すると、下草に足がひっかかって、少し切れてしまった。ちょうど小川が流れていたので、その水で洗うことにする。ナディアは小枝をうまく組み立てて、椅子を作ってくれたので、私はそれに座る。

『こうして足止めがあるということは、ゆっくり行きなさい、という合図ね。さ、足を見せて』

彼女は川の水で足を洗ってくれる。そしてヒーリングをするように、足に手をあてて目をつぶった。

『あなたは遠くを見る癖があるので、まず足元を見なさいって。〈今、ここ〉ってことね』

「それは誰からのメッセージ?」

『足!』

「足とも話すの?」

『ウフフ(笑)。足を通してあなたの無意識の声を聴いたのよ。さ、治ったわ』

見てみると、足はすっかりよくなっている。見た目もキラキラとして、今までと違う新鮮な足を見ているような気になる。

「ありがとう。足があったんだね、私。今まであんまり意識してなかった」

『これまでは、無意識的に空を飛んで移動していたんでしょう?』

「分かる?」

『今は一歩ずつ進むことで、いろんな体験をすることができるの。これまで取りこぼしてきた人間としての感情を、豊かにしていく意味合いもあるのよ。それには足が必要なのね。一歩ずつよ』

私たちはのんびり進むことにした。椅子に座って、小川のせせらぎの音を聞いている。川にそって森の木が開けているので、光が多く入って来て、川面がキラキラとゆらめいている。時間がとてもゆっくり進むような気がする。

「ここは、時間はあるの？」

『自分がゆったりしているとゆったり進むし、早く行きたければ早くもできる』

「じゃあ、待ち合わせとかどうするの？」

『相手の意識にアクセスすれば、もうすぐ来るなと感じるでしょ。そしたらちょうど会えるの。時間で待ち合わせたりはしないのよ』

「それなら、携帯とかはいらないんだね」

『携帯の機能を自分の中に全部持っているって感じね。テレパシーで電話し、地図も鳥の目に意識を向けて俯瞰することで、今現在の自分の場所をとらえられる。写真だって撮れるわよ。見たビジョンを覚えておいて、頭の中に保存しておけばいいんだから』

「小さい頃から、いきなりそういう全部の能力があるの？」

『徐々に開花していくのよ。学校でも実習がある。基礎は皆もっていても、自分の特性が何かに強く出るの。それを生かして他に貢献するのよ』

「そこは地球と同じなんだね。ナディアはどんな特性があるの？」

『私はヒーラーなの』

「あぁ、それでさっき、足の時・・・」

『私が対処できる範囲で必要なことが起こったのよ』

「私はこれまで、エネルギーをそれほど感じなかったのね。でも今日は、それが感じる気がしたんだけど、何か関係ある？」

『ヒーラーって、エネルギーを扱うの。それに共鳴したところはあるでしょうね』

「そうなんだね」

『あと、自分の心の三層（※282ページ図6参照）を見るようになったでしょ。これまでは感情の扉を閉めていたけど、今はそれがオープンになったということなの。そうすると、エネルギーが自分の中を通り抜けられるようになった、ということもあるわね』

「なるほどね。これまでは、天から降り注いでくるエネルギーで生きていたんだけど、今日からは地からわきあがってくるエネルギーも合わさったな、という感じがした」

休憩。（現実で夕食を食べたあと）

気付いたら夜になっていた。ナディアがたき火を起こしてくれて、それで暖を取る。「寒いなぁ」と私が言うと、ナディアは私たちを包む大きな半円の、風よけシールドのようなものを想念で出してくれた。薄いエーテル製のドームの中にいる感じ。

「なんか、これだと息ができなさそうで苦しい」と言うと『それは思い込みなんだけどなぁ』と言いながら、今度はちゃんとした家を創ってくれる。家の中にベッドや暖炉がポンポンと現れる。六角形の20畳ほどのワンルームになった。

『この暖炉は、さっきのたき火ね。そう見えるようにしただけなのよ。1泊だし、簡易的でいいでしょ？』

「ほんとの家はどんな感じなの？」

『今はテントのように、薄い想念の幕でイメージを形作っているんだけど、ずっと住む家はもう少し時間をかけて、数人の想念で創り上げるのよ』

「そうなんだぁ。なんか、楽しい生活ができそうだね。3次元と違って、もろもろが快適。みんな5次元に来たいって言うだろうなぁ。何か5次元のデメリットとかはないの?」

『次元って、波動(振動)の違いでしょ? 自分の波動に合っていないところに行くと、居心地が悪くて苦しくなると思う。だから3次元世界の波動が好きで、そこにまだ居たい人にとっては、ここはただの荒涼とした土地に見えるだろうし、間違って入ってきても目が回るだけで、何の喜びもないと思うよ。自分がいたいところ、波動が合う世界こそピタッとくるんじゃないかしら』

「あ〜、そうなんだね。次元に関しては全然知らないの。また教えてね。今日はもう眠くなってきて・・・。こっちのベッド使っていい?」

『うん、ゆっくり休んで』

「ありがとう。おやすみなさい」

2017年3月12日
朝。部屋の中にやわらかい光が差し込んで来る。壁はある程度透けているので、適度に光を通す。その透明度を調整して、中の明るさ調整や、色味調整までもできるようだ。

「電気ってあるの?」

『電気はないけど、それに代わるエネルギーはあるよ。太陽エネルギーをためておくこともできる。ほんの少しのエネルギーがあれば、それを増幅できる。ゼロから作り出すというより、あるものを生かしたり、増やしたり、組み合わせたりして、身の回りの環境を創っていくのよ』

「自給自足?」

『そうね。一つのコミュニティー(村)で助け合って、その中でやりくりするという感じね』

「ナディアの村もあるの？」

『あるわよ。行ってみる？』

「いいの？　行きたい。何人くらいの村？」

『30人くらいかな』

「少ないんだね」

『あまり多いとそれぞれの個性が薄まるので、顔の見える範囲でひとまずチームを作っている、という感じかな。5次元は個とワンネスの両方を、ちょうどいい具合に楽しめるところよ』

「そこでの学びって何なの？」

『神の叡智に近づいていく、深い愛を知っていく。それは3次元と同じだけど、そのやり方と環境が違うの。苦しみを通してではなく、楽しさや喜びを通してという感じかしら』

「みんなそれぞれ、学びの深さって違うの？」

『もちろん。3次元から来たばかりの人と、もう5次元を出て行く人では、ずいぶんと徳の深さは違う。個が持っている学びのテーマもそれぞれだから、精神性が均一ということではないわよ。

5次元のはじめは、ネイティブアメリカンの人々のような感じね。彼らはそのような在り方を、3次元の人に教えていたの。まったく違う世界がいきなり開けると、みなびっくりするでしょう？　だから今の3次元にも、5次元の世界のヒントはすでにあるの。あちらを目指せばいいんだなと分かるように、あらかじめ模範としてセットされているのよ。

あなた方の世界での良識と愛にあふれたモデルとなる人々の暮らしや生き方が、こちらに来たときのはじまりだから。うまくつながりがあるようになっているでしょう？　少し先は、常に提示されているということなの』

「なるほど。経済における友愛が当たり前の世界なのね」

『そう。分かち合いはベース。人に何かを施すと、それが自分に返って来るという循環が目に見えて分かるわよ。だってつながっているんだからね！』

2017年3月13日
寝泊りしていた簡易的な家を出る。ナディアはその家に手をかざして、左右に動かしている。まるで黒板消しで想念を消しているかのよう。家は光の粒にパッとはじけ、空中に散らばって消えていった。

「消すこともできるんだね」

『元に戻しただけ。後片付けはちゃんとしなきゃね。しばらくは情報として気配が残るけど、この程度の想念形成物は分解も早いの』

「そうなんだ。ゴミが出なくていいね。地上では、外国でもゴミの山が処理しきれないみたいだし、日本では原発の汚染水をずっとタンクにためていると、今日のニュースでやっていたよ」

『循環を学ばなきゃね。今が良ければ…と問題を先送りにすると、ゴミの山となるから。このままでは戦争が起こらなくても、環境がもたないわね。環境が悪化すると、心の荒廃も早くなるし、少ない資源を奪い合って結局は争いになるの。

天とのつながりは、どの次元においても重要よ。ここでも天とのつながりよりも、個の欲望の方が強くなったとしたら、一気に荒廃していくでしょうね。でもそんな誘惑があっても、私たちは選択の自由があるから、大いなるものと一体化する道は常に開かれている。

そういう意味では、3次元は最も冒険ができる、そしてハードル（難易度）も高いところなのよ。失敗は織り込み済み。だから〝また失敗しちゃった〟と頭をかきながら天に戻っても、〝もう、これで何度目？ 懲《こ》りないなあ〟って言われるくらいよ』

「そうなんだね」

『だから自分も含めて、悪と失敗を全部許容することね。それが自分たちの実力だったんだから』

「うん、分かった。このごろテレビで悪い人が出てきても、それも自分なんだな、としみじみ確認してる」

『ワンネスというと、光に包まれた至福の中にいるようなイメージで、美しい世界と私は同じで、「私は完璧な存在」という印象をもってしまいがちよね。まったく闇を否定するというか。でも本当は光だけでなく、闇も自分なんだから』

「5次元の地球は、もっと光に満ちた世界かと思っていた。光と闇が一体だとかいうのは、リセットに向かうイメージがあるということかしら」

『仮に光だけ見ていたとしても、自分の振動数をあげることで、5次元に行ける人は多くいるわ。個人のシフトの話ではなく、地球意識全体のシフトアップに関しては、全体システムの理解が不可欠なの。また進むごとに分かって来ると思うわ』

2017年3月14日

『じゃ、うちに行きましょうか』とナディアは言って、目をつぶった。すると周りの景色がくるくるっと高速回転して、あっという間に家につく。

「ワープしたの？」

『家に戻るのは簡単なの。家と自分の座標軸を合わせれば、ヒュッといけるのよ』

「それだと、迷子にならなくて便利だね（笑）」

ナディアの家は、日本のよくある近代住宅に最初は見えたが、幻のように変化していく。白いドーム型のシンプルな形に変わったかと思うと、その後は曲線が多い不思議な流体型に変わったりする。

「ぜんぜん分からない。家の形は固定化しないの？」

『それでいいのよ。あなたの３次元の目（思考）で、この世界を正確にとらえるのは難しいのよ。だから見えるものを細かに描写しようとしなくていいの。そう見えるのは、あなたの思考の中にあるストックから、それに近いものがビジョン化されているんだと思って』

「なるほど。じゃあどう見えるかじゃなくて、やはり対話していく流れだね」

『そう。また少し気楽になったでしょ？』

「うん、アセンション後の5次元の世界を紹介していると思わなくてもいいんだね」

『ここはひな型というのかな、核としてあるの。だからベースはこんな感じ、というくらいに思って。感覚としては、5次元の天界に近いんじゃないかしら』

「あ、そういうこと？　早く言ってよぉ」

『あなたの頭の要領が小さくて、少しずつしか情報が入らないんだもん（笑）』

「ひどーい！」

『でもまあ、あなたの魂がリセット・リスタートの時に歩む道を、今はリハーサルしているということでもあるの。前は蓮さん経由で行ったでしょ？（※それまで受動的にメッセージを受信している霊媒を、別人格として蓮さんと呼んでいた）それは外経由のビジョンで、今は内経由のルートだから。外と内は一体だけど、一方ずつ体験した方が面白いのよ』

「そう・・・。へぇ～、という感じ」

『まぁ、一歩ずつ行きましょ。浅野さんからもそう指示を受けているから』

ナディアはいつの間にか、ワイヤレスのインカム（無線）をつけている。

「そ、それで浅野さんの声が聞こえるんだね」

『そうよ。私たちは連絡を取りあっているのよ。あなたにヨロシクって』

「え～、私も話してみたい」

『いいわよ』

ナディアは私にそれをつけてくれる。電話を通したときのような声で、浅野さんが話す。

『清華さん、そちらの居心地はいかがですか?』（※ここからは霊媒を、本来の名前で表記する）

「なんだか、地下って、暗くてじめじめした世界かなと思ったんですけど、今のところ快適です」

『ナディアは私の娘のようなものですので、何でも頼ってくださいね』

「はい。またこれで話しかけてもいいんですか?」

『困った時にはいつでもヘルプをしてください』

「ありがとうございます。では失礼します」

私はインカムを頭から外してナディアに渡す。

「ありがとう。なんだか不思議だった。でもやはりつながっているんだね。安心した。ところでごめん、ぜんぜん家に入らなくて」（私たちは家の前でずっと立ち話だった）

『ほんとに。中では家族がお待ちかねよ。さ、どうぞ』と、ナディアは玄関を開けてくれる。するとすぐに、エプロンをつけたお母さんが抱き着いてくる。

母『待ってたわぁ〜。よく来たわね！　私たちもあなたの目を通して、地上を見ていたから何でも知っているのよ。今日はゆっくりしていって。ごちそうも作っているから！』

そう言われ、リビングに案内される。もうすでに料理がテーブルに並べられていて、お花もきれいに飾られている。お父さんや弟さんも奥から出てきて、ハグをする。私たちはさっそく食事をすることにした。木の実や豆やサラダ、フルーツがメインの食事。

「お肉などは、食べないんですか？」

母 『私たちは生き物を殺さないわね。自然のものを分けてもらっていただくの。でも食べ物を通してエネルギーを得るというのが、唯一の方法でないことも知っているわ。生命エネルギーは空気中から直接チャクラを通して、常に得ているの』

「ということは、毎日は食べないということですか?」

母 『そうね。何かのお祝いの時は、楽しい時間の演出として食べるけれど、食べなくても平気なのよ』

お母さんは、おおらかで明るいので、何も聞かなくても話してくれる。しかしお父さんは寡《か》黙《もく》で少し控えめな性格の様子。声をかけてみる。

「お父さんは、何かお仕事などをされているんですか?」

父 『私かね。私はバイオリン弾きなんだ。ここでの仕事というのは、お金を稼ぐとか社会的な地位のためとか、そういう目的はなくてね。神のすばらしさをそれぞれの才能で表現することが、仕事なんだ。使命というかな、喜びというか』

「魂のリビドーですか？」

父『そう、そう。私は宇宙からのインスピレーションを受けて、それを音楽にのせて表現するのが才能だったんだな。まぁ、好きだっただけだな（笑）。ご要望とあらば、ホームコンサートもできるんだが・・・』

２０１７年３月21日

久しぶりに地下探索のビジョンに戻ったが、ホームコンサートはまだ続いていた。家の壁が透明になり、その地域全体に音が広がっている。近所の人々や、山に住む動物たちまでも集まってきて、皆で聞いている。

すると、音符の形をした空飛ぶじゅうたんに、私たち全員は乗っていた。音楽と共にそれは空に舞い上がり、いろいろなところを巡った後、気づけば周りの景色は宇宙になっている。本当に宇宙に来たのか、想念で周りの景色ができているのか、それとも霊体だけが宇宙に行ったのかなどは不明だが、家での小さなコンサートは、いつの間にか宇宙にまでその音が響き渡っているという感じがあった。

それからも演奏だけでなく、皆で歌ったり、踊ったりと楽しい夜を過ごす。あまりに幸せで涙が浮かぶほどで、私はくるくると回って踊りながら、いつの間にか眠っていたようだ。気づけば朝になっている。朝日が顔に差し込んで来る窓辺のベッドで目が覚めた。起きて部屋を出ると、お母さんが朝ごはんを出してくれる。

『どう？　よく眠れた？』

「はい」

『リフレッシュは大切よ。またいつでも遊びにいらっしゃいね。さ、今日はアダマさんのところに行くんでしょ。たくさん食べて！』

「ありがとうございます。お母さんはアダマさんをご存知ですか？」

『もちろん』

「どんな方ですか？」

『性格のこと？　賢明、聡明。外交向きなの。ちゃんと説明できる人だから、いろいろ聞くといいわ。彼女は言語化して伝えられるから、あなた方にはぴったりね。こちらにいると、いちいち言語化するよりも、直観的になってくるの。私は久しく、こうして言葉としてのおしゃべりしていなかったから、今は楽しくて仕方ないのよ』

「そうなんですね。ところで、今ふと思ったんですが、ここでは死はあるんですか？」

『死？　あぁ、霊化のことね。次のステージの霊体に変化していくことはできるわよ。でもあなたが思うより、ずっとゆっくりのペースね』

「お母さんは、レムリア文明の滅亡から、ずっとここにいるんですか？」

『そう。あっという間だったわ』

「そうなんですか?」

『毎日、楽しいんだもの。昨日動物たちが音楽を聴きに来ていたでしょう? 私は森の動物たちと心を通わせて話をするのが好きだから、いつも彼らにいろんな話を聞いてケラケラ笑っていたら、いつの間にか今日になっていた、という感じなの。

地上で絶滅した種は、こちらに来るのよ。彼らは地上でどんなことが起こっていたかなど、とても興味深い話をしてくれるの。動物から見たストーリーは、ある意味一つの神の目でもあるでしょう? こちらに来た動物たちの数は、もう飽和状態よ。それは合図でもあるの。まもなく私たちと一緒に地上に行くということね』

2017年3月22日

私とナディアは、家族の方々にお礼を言って別れ、アダマさんの所に向かうことにした。外に出ると、来たときよりも木々の緑が生き生きとしていて、果物もたくさん実っている。

「こんなに繋っていたっけ?」

『昨日の音楽で、みんなも活力を得たのね。植物や動物にも、音楽は大切な栄養なのよ』

「そうなんだね。緑が生きてます！って語りかけてくるみたいだね。このリンゴ、食べてもいいの？」

『木に聞いてみて』

「一つ分けてください」とその木に言うと、一つの実がブルブルっと振動した。〝この実をどうぞ〟と言われたようだ。その実の下に手を広げると、ポトンと落ちてくれた。

「もらえた!!」

『よかったわね。受け入れられている証よ』

季節は春と夏の間くらいで、特に今日は日差しもさんさんと降り注いでいる。少し汗ばんできて、さっぱりしたいなと思っていると、目の前に滝つぼが現れる。透明度が高い水で、〝泳いでもいいよ〃と言っているかのようだ。私たちはその水に飛び込む。水はあたかも意思をもっているかのように、もぐった私をぐいぐいと運んでくれる。

「水とも話せるの？」

『そう。やってみて！』

「持ち上げてくれる？」と心の中で言ってみると、下から流れがきて、私は水面に持ち上げられる。「もっと高くお願い」というと、噴水のように水が吹きあげ、私はその水のてっぺんに座るようにして、何メートルも持ち上がった。それから滑り台のように降ろしてもらったりして、しばらく遊んですごす。

「不思議だね。水とこんなに仲良くなれるんだぁ」

『あなたの意識が水にまで広がっているということよ。水は他の意識や振動に、自在に染まる性質をもつから』

その後、風で体を乾かして、滝のそばでマイナスイオンを浴びる。水が落ちる音に、鳥たちの歌声も合わさって、自然のオーケストラのように聞こえる。

「気持ちいいね」

『あなたはまだガチガチだからゆるめてくれているのね。これから自分のルーツも思い出していくのよ』

「そうなの？　今はぜんぜん思い出せない。レムリア人だったの？」

『そうよ。まぁ、おいおいよみがえってくると思うわ。向こうに山が見えるでしょ？』

「うん。あれがシャスタ山？」

『そう、あそこにアダマさんがいるから。さ、もう少し歩くわよ』

２０１７年３月23日

私たちは歩きはじめる。小さな崖山を登る時に、私は「よっこいしょ」と言いながら、重い体をぐいっと持ち上げるように登っていたので、ナディアがこういう。

『体は重いと思い込んでいるでしょ？　重心をもっと上にして、自分は軽いと思ってみて』

私は胸のあたりに自分の中心を置き、妖精のようにふわりと飛び上がるイメージをしてみた。するとヒョイヒョイと身軽に崖を登れる。

「軽くなったよ！　すごいね。イメージでずいぶん違う」

『自分のイメージがこの世界を創っていくと思って。そしてそれを楽しむの』

「うん、分かった。じゃあ、光とエネルギーがどんどん空から降って来るイメージをしてもいい？」

『いいわよ！』

私はこの際、何でも試してみようと思って、目をつぶってイメージしてみる。目をあけると、光のオーブがあちこちに見え、キラキラと光る夢の世界のような景色になる。

そしていつの間にか前方に翡翠《ひすい》の神殿のようなものまで建っている。メルヘンの世界に迷い込んだような気分だが、入ってみることにする。

「これは幻影なの？」

『イメージした光の世界に入ったのよ。ちょうどいいから、ここで少し休みましょ』

中は少しひんやりとしている。床も壁も、磨き上げられた光沢のあるエメラルドでできていて、中は広い空間になっている。中央に椅子が一つ置いてあり、ナディアはその椅子に座るようにと言った。

その神殿はエネルギー的にはピラミッドと同じようだ。上向きの四面体と、下向きの四面体がちょうど重なっていて、その立体のエネルギーがうっすらと見える。それらのエネルギーのちょうど真ん中にあたる部分に椅子が置いてある。私はその椅子に座った。上を見上げると宇宙が広がっている。足元はどうかなとのぞき込むと、下も宇宙だ。

ナディアは、座っている私の前後左右10メートルほど離れたところにある、四つのたいまつに火をつけた。その火には、それぞれ独特な色があり、目までついている。どうも火も生きているらしい。私は正面の火に手を振ってみた。すると、ボーっと燃え上がり、応えてくれた。

▼地球での実験

２０１７年3月25日

椅子に座ってから、自分のルーツのビジョンが高速で浮かぶ。自分がレムリア人だった頃から、どんどん時代をさかのぼって思い出している。最後にたどり着いたのは、円卓を囲んだ天上会議。12人の宇宙人（神々）が、一つの円卓に座っていて、トカゲ人間の私もそのうちの一人。話し合いの結果、私は契約書のようなものに、サインをしている。

私は、〈その時の私〉になりきったようになり、以下のように話し始める。

『私たちは、次は3次元にまで波動を落として体験をすることを決定した。それまで使っていた情報処理能力のすべては、3次元にまではもっていけない。そこで最低限の2極に絞った。それまでは12の極があったのだ。私たちはその2極を、様々な形で現象化していった。

まずは天と地を分けた。それまで、私たちと地球は一つだった。そこに何の区分けもなかったところを、まっぷたつにしたのだった。そして、東と西に男女のエネルギーを分けた。3次元で陰陽のエネルギーを回すためだ。天と地、東と西に極をもってくるということは、まとまって一つだったパイ生地を上下左右に広げるように、そこに3次元の時空間ができた。

私たちはその時空間に地球や動植物、そして人間の形状を想起し、創っていった。これらはもともと5次元の私たちの世界にあったもので、それらを想起の種として、その振動数を落として創ったのだった。

そこでの生命活動が始まると、宇宙のエネルギー原理であるカオスとオーダーも生じた。相対する2極から成り立ったこの世界で、人々は光と影を分けて認識していった。それも本来は一つだったものだ。

私たちはこの世界の始まりの時から、終わりに関する責任を取ることも決めていた。それが先ほどの契約書のサインの時だ。実験的な要素が多々あり、私たちもどうなるかが完全には分からない中で始まった。しかし、2極のバランスが崩れた時には、いったんこの世界をリセットすることは視野の中にあった。その一方で、人々や地球の意識が向上することで、再び5次元へとアセンションする時が来るだろうということも予想していた。今回は、その二つが同時になされることになった。

天と地に分けたという初めの時、それはつまり内と外に世界を分けたということでもあった。天は外にも広がるが、自らの内にもある。同じように地球魂も自らの内に天を持つ。私たちレムリア人は、はじまりに関与した時から地球魂の中にずっといる。

それは地下に閉じ込められているわけではなく、私たちが創造した3次元の世界は、たまたま皆の目線から見れば地上にあるというだけで、本来は内も外もあるわけではないということなのだ。あなたの中に私はいると言ってもよい。

この3次元の夢（想念）を覚ますには、内と外をひっくり返すことだ。それがリセットの核心である。これは天と地を一つにつなぎ、風穴を開けるのと同じこと。それと同時に地下の、すなわち内部の5次元の世界が外に現われてくることによって、リスタートも起こるのだ。地球の中心部、核のところに行って見なさい。そこにひっくり返すための点（穴）がある』

2017年3月26日

話し終わると、私はハッと我に返る。ナディアを探すと、私の真後ろにいた。

「思い出した。私、首謀者の一人だったんだ。ちょっとだけ応援に来た人ということじゃないんだから、ちゃんと責任を取らないとね。今までより、しっかり自覚できたよ」

『うん。かなりのワルなのよ(笑)。はじめた人が終わらせる、それは決まりなの。あなた一人がそうではないのよ。私もその一人だし、関わる仲間もそれぞれがはじまりに何らかの形で関わっている。

たくさんいるのだから、誰かがやってくれるだろうとか、みんなについていこうとか、そういう気持ちでは、このプロジェクトには関われない。たとえ自分一人だったとしてもやるんだ、という強い覚悟と信念が、現実を創っていくから。

その覚悟が、自分の内奥の扉をどんどん開いて、思い出していくの。その流れに乗れば、必要な人、モノはどんどん現実化して集まって来る。自分の中の確信に見合う現実になっていくのよ』

「分かった。この地下探索は、私が確信をつかむためのものでもあったんだね。しっかり最後までやるよ、たとえ一人でも」

『よかったわ』(と、ナディアはニッコリと笑った)

その後、床が回転して、景色が変わる。時空間をワープしているのかもしれない。景色はレンガ造りの暖炉のある、少し大きな家のリビングに移った。

すると、アダマさんが奥の部屋から出てくる。『レムリアの真実』(太陽出版)などの本では、男性ということだったが、私は以前会った時から女性性も半分はあるように感じていた。私たちは再会のハグをした。

「すみません、私からお伺いしようと思っていたんですが」

『いえ、もう待ちきれなくて、迎えに来たんですよ』

アダマさんはとてもチャーミングだ。髪がウェーブしていて、肩よりもずいぶんと長い。口紅もしているようだし、前よりもますます女性に見えている。

「アダマさん、前よりも透明感があって、美しさも際立って感じます」

『私たちは、以前よりも深いレベルで出会っているんですよ。地球の内部は層になっていて、4次元、5次元と、中心に行くに従い段階的に波動が上がっていくんです。そして、どの層にも私は顕現しているので、今の私は5次元の最上層の私といったところでしょうね。天界のみなさんと会う時と同じ感覚でしょう?』

「はい、確かに。深い層になると女性的になるんですか?」

『女性の方が軽やかな説明ができるでしょう? それに、男だと上から目線で威張ってしまうかもしれないし(笑)。まあ、最後は女性の力で終わらせましょうね』

▼リセット・リスタートとは――アダマさんの説明

2017年4月3日

アダマさんのソファーの後ろには、観覧席のようなひな壇があり、そこにクラリオン星人やハトホル、池田晶子さんなど、近頃関わった方々が座っている。それはただの映像かもしれないが、結局、ここでの対話もすべて公開されているということかな、と思う。地下世界といっても閉鎖的ではなく、天や宇宙ともつながっているようだ。

「アダマさん、皆さんに見守られていてちょっと緊張しますが、話の続きを聞かせてください」

『もちろんです。ここはあなたの魂の内界でもあるのです。私もここにいる皆さんも、みなあなただということです』

「それをもう少し詳しく説明していただけますか？　自分の内界と地球の内界とは、どのような関係なのでしょう」

『網目（魚を獲る網を広げたようなもの）をイメージしてみて。その中の一つの区画（区切られた一番小さな四角）は、四つの点に接点を持っているわね。その一区画があなたを個として認識させている最小のものなの。その個を無限につなげ、平面だけでなく立体にもすれば、そこにはあらゆる形状を見出すことができる。

いろんな頂点を見つけていけば、例えば上下のピラミッドをつなげた形のようにもなるでしょう？　そのような立体網目が集合して、大きな単位の一つの意識として認識される。地球意識とはそれなの。あなたが一区画の意識だとしたら、地球はあなたや他の区画を含む大きな立体だということ。

そして、そのように広げた意識が、あなたという核の中にすっぽり全部収まりさえする。その広大さ（マクロ）と核という極小（ミクロ）は、まったく同じことを指すの。

それは、〈神の中にあなたはいて、あなたの中に神がいる〉というのと同じ。それを内と外として分けて考えないことには、3次元的思考では捉えがたいけれど、本来は内も外もどちらにも無限に広がっていて、なおかつそれはつながっている一つだということなの。

だから地球内部というのは、人類を総合した意識の、核に向かう意識の捉え方だということ。外に広げて階層化したのが、コナン・ドイルさんなどが語った霊的階層図だったけれど、それがそのまま地球の核に向かっても逆さに反映される。そうかといって、まったく同じものが二つコピーされて内と外にあるということでもない。地球はそこが特殊なのね。

地球の内と外を連動させないで、内側に当初の純粋意識を保つために、原初形態の姿をそのまま残しておいたということなの。そうすることで、荒廃することが目に見えて予想できた地上のリセットからの再スタートを潤滑《じゅんかつ》にすることができる。ちょうど、皮膚の下から老化していない新しい細胞が、新陳代謝で生まれ出てくるのと同じ感覚ね。

これは、レムリア文明が滅亡した時に、システム化されたことなの。なぜなら、3次元というのは、堕落と荒廃に染まるということを、私たちレムリア人は身をもって学んだからなの。だから、次もそうなるだろうことを予想して、次の種を蒔いておくことにしたの。

そのために、地球の内と外を、これまで連動させずに来たというわけ。その代わり、天と地として外に広がる宇宙空間に天界を置いて、そこが地上を創造したり、導いたりしてきたの。そして、天と地の連動がなされなくなった時点で、リセットが決定された。そうなると、いよいよその時とばかりに、地球内部の私たちに仕事が依頼されたの。

だって、天と地がすでに連動できなくなっているのに、どうやってリセットのエネルギーを地上に出現させられるかしら。それは、これまで温存されていた私たち地下の、内部のパワーを発散していくことで起きていくのよ。そして最後は内と外がつながることで、分離していたものが一つになる。内の核と、外の宇宙界はつながっているの。そこにルートを作れば、この3次元の分離による幻想はリセットされる。

そうしたら、リスタートも起こる。すでにある地下の5次元の振動（波動・エネルギー）が、大きな津波のように流れ出て、その振動に共鳴する人たちを一挙にリスタートの5次元へと運んでいくという流れなの。

宇宙での一般的なアセンションは、次の次元にエスカレーターで上昇するように滑らかに全体が移行していく。それは地球のように、多層構造ではないのと、全体（内と外）がつながっているから。地球はそれを分離し、他者や神と分かれた世界を体験するための場として、あえてこのような複雑なシステムを設定したの。

だから、今回のアセンションはどうなるのかと、いろいろ実験的なところがあったのだけれど、今はリセットと共にそれはなされるという方向で、天界とも合意が取れた状況になっているのよ。私たちもはじめてだから、うまくいくかどうか分からないけど、宇宙の叡智からすれば見事にセッティングされているのだから、きっと大丈夫。宇宙界からのアドバイザーが、今も多くのことを伝えてくれているの』

「私たちは一人ひとり、何をすればいいのでしょう」

『ともかく自分の核につながること。それは多次元的自己の領域。分離という3次元の幻想に惑わされずに、本質で全体とつながるよう、そこまで意識を深めていくことね。その状態にあれば、何をしてもいいの。子育てでも、社会的な仕事でも、創作活動でも、何でもいいの。〈何をするか〉ではなく、〈どう在るか〉だから。

そして、いよいよリセットの時がきたら〈無〉の境地で、意識を完全に開放すること。それまでにイメージしていたことはすべて手放してもいいの。魂は難なく最後の仕事をやり遂げてくれるはずよ』

「ルシファーさんが、闇について語っておられましたが、アダマさんからも補足があればお願いします」（※『光と影のやさしいお話』（ナチュラルスピリット）の中で、闇の役割を担ったルシファーについて語られている）

『地球には、昼と夜が交互に来る。これは光と闇における真理を、現象化させたものなの。昼は活動の場をもたらし、夜は静寂と休養の場をもたらす。どちらがよいということではなく、両方セットであるからこそ、エネルギーは回り、活性化する。光と闇もそれと同じなの。エネルギーの動的変換が光、静的変換が闇。光は闇を切り開いていく一方で、闇は光の輝きがよく見えるように、漆黒に徹している。

だから、光が善で、闇が悪ということではまったくない。それは宗教的色付けなどで、人々の意識に観念づけられただけなの。悪魔、罰、地獄は、３次元のはじまりにはなかった観念で、これまではそれらを闇に投影し、嫌悪の対象としていたということね。闇（ルシファー）はそれを分かりつつ、引き受けた。

でも、本来の闇とは、光と共にある美しいものなの。夜空を見上げると落ち着くのは、そこに闇があるからこそだといえば、その感覚が分かるでしょう？　闇は怖いものでも、暗くてジメジメしたものでもないの。

時代のはじまりは、光で創っていった。静から動を生み出し、形づくり、活動させるために。でも、時代の終わりは、闇こそがその力を発揮するのよ。光の中の核が闇であり、次の光（その奥の次元）への通過点でもあるから。ゼロに戻る静止点は、闇からできている。闇は、無限につながるトンネルの中のようなもので、その奥まった先には必ず次の光が見える』

「外と内の話でいうと、外は光で、内が闇なのでしょうか」

『どちらにも光と闇はあるけれど、大局的なところで役割づけると、そうなるでしょうね。分離した外（光）と内（闇）が、再び一つになることで、爆発的な力が生じる。ビッグバンの時に、外に向けて核が一気に爆発したとすれば、リセットはその逆なの。内にある核に向けて、一気に戻っていく。それで分離の幻影は終わる。

宇宙全部がそうなるわけではないのよ。想念で創った3次元の幻想が、一つの核に集約されてゼロになるということ。すると、その核であるゼロポイント（トンネル）の反対側からは、新たな3次元の地球の想念が立ち上がる。もとのシンプルな形、観念づけられていない原始的な姿でね』

「え？　地球が1回、核に吸い込まれるんですか？」

『想念の上では、そうなる。集合的観念の浄化のために』

「あぁ、想念の上で・・・」

『セス・メッセージにあったように、リセットとは、集合的観念をリセットするということだったでしょう？』

「くるんとひっくり返るのは、どこでなんですか？」

『それは5次元に行く時。闇（核）を出たら、くるんとひっくり返る』

「ということは、リセットで宇宙界に行く人たちは闇を突き抜けてズドーンとまっすぐ進み、リスタートで5次元に行く人たちは闇を抜けたらくるんとひっくり返ればいいんですか？」

『理論上は、そう。でも、このメッセージを読んでいる人が、多次元的自己の意識に達する人たちだとすれば、そのどちらもが自分なの。だからそれらの両方をやるということもできる。どちらの意識をも把握できるの。全体であれば、そうなるでしょう？』

「はい。難しそうだったら、どちらか一つでもいいんですか？」

『もちろん。でも、実際は、その時には頭で考えたり、イメージを呼び起こしたりするのはまったくやめて、とにかく〈無〉に徹するの。そしたら魂（意識）は行くべきところ、把握する領域を知っているから、それが流れていくままに素直に突き進む、という感じかしら。

今こうしてビジョン化しているのは、生前に意識化しておくことで、そのルート作りをしている、ということだったでしょう？　途中でひっかからないために、人間的な理性でもなるほどな、という納得と確信を得ておくと、死後は自分の核にビュン！とまっしぐらに行けるのよ。

地球の核というのは、自分の核でもあるんだから、自分のど真ん中に向かって進めばいいの。それが人それぞれで、どこに向かうかが違ってもいいの。自分の核は、すべてに通じているんだから』

２０１７年4月4日

「アダマさん、まだ分からないところがあるので教えてください。ちょっと混乱しているんです」

『あなたはフィルターを何枚も重ねて見ているからなの。7次元の宇宙界に行くフィルター、5次元の地球に行くフィルター、3次元に残るフィルターの三つに分けて、見ていきましょうか。実際はそれが同時に起こるんだけど、一挙に把握しようと思うと混乱するのね。

ではまず、宇宙界に行くフィルターね。前までは、地球のモヤを突っ切って、宇宙界へまっしぐらに進む、という説明だったわね。簡略化すればそのイメージでいいの。でも今は、その構造をもう少し深い次元で（多次元的に）説明しているの。リセットとは、多次元の叡智でなされる仕組みで、そのエネルギーが使われる。だから言語化するのは結構難しいことなの。平面で示せることだけではないから。だけど、なるべくシンプルに語るわね。

リセットで行く宇宙界は、ブラックホールと呼ぶにふさわしいわ。そのブラックホールは、地球内部の中心点と、宇宙界とに分かれて存在していると思って。どちらも内と外の核であり、それらはつながっているの。

絵に書いてみて。地球の表面から中心に向かっていくと、真ん中の中心点につくわね。そこが内なる核。そこを通り抜けると、宇宙界に出る。逆に、地上から上昇して宇宙界にいくわね。これまで想定していた宇宙界よ。そしたら、そこから地球の中心にもいけるの。

平面上で書いているから不思議に思うけれど、多次元的な世界ってそうなっているの。ブラックホールって、こっちとあっちをワープするようにつなぐでしょう？　どこにでも行ける通路なのよ。

この、内外にある核に、それぞれの役割の人が向かって、最後は一つになる。すると、分離していた内と外がつながりを取り戻し、そこに宇宙からの多次元的エネルギーが瞬時に流れる。∞（無限マーク）を思い浮かべて。上下に分かれた内と外が、真ん中の点でつながっているでしょう？　その点が、トンネル（ブラックホール）になっていて、ゼロに戻す点でもあり、宇宙界とつながっているところなの。

実際は、∞（無限マーク）は平面ではなく、立体にもできるんだけど、シンプルにするために平面で解説するわね。これまでは、この真ん中の点は重なってはおらず、内と外の二つに分離されていて、〈〇〇〉になっていたということだったわね。リセットは、これをつなぎ直すことで、分離の幻想が終わるという仕組みなの。単純といえば、単純でしょう？

では次は、５次元の地球に行くフィルターね。本来は、この分離がなかったら、アセンションというのは様々なポータル（多次元をつなぐ扉）から、湧き水があふれ出すようにその振動がもれ出て、なされていくものなの。でも地球では、次元間にシールドが張られている。これは分離のための措置であり、そのシールドがあるがゆえに地球圏内での循環が生まれ、輪廻が成り立っているというわけ。

今回、そのポータルを複数開くことも検討されたけれど、難しいことが分かった。そこでリセットのトンネル（ブラックホール）は、最大の元締めとなるポータルでもあるんだけど、そのトンネルをリスタートの突破口にも使うことになったの。そのリスタートの突破係を、地下のレムリア人が担当する。私たちは、その元締めポータルを通ってトーラス（くるんとひっくり返る）をすることにより、５次元が地上に出現していく。

リセットと同じトンネルに入ったとしても、出るところは違うの。トンネルというのはあくまでも比喩であって、一本道ではないから。実際は、多次元の回廊であり、どこにでも行けるワープ機能を秘めた闇なの。それをトンネルと呼んでいるのよ。リセットがなされ、そして元締めのポータルが開くと、その後は各地にある多次元ポータルも開いて、アセンションが起こっていくという流れね。

では次は、3次元の地球に残るフィルターの話ね。リセット組が内と外をつなげ、ゼロポイント（∞）を作り出す。すると、これまでの想念や観念は、ザザーっと見事に消えてしまうの。悪夢にうなされている時に目覚めたら、その悪夢はパッと消えてしまうでしょう？「あ、なんだ、夢だったか」と正気に戻る。でもだいたいの夢は覚えていて、それを反省材料や経験値にして、またやり直すの。

やり直しのはじまりは穏やかで、天と地の交流が十全になされた、気持ちのよい3次元になっているはずよ。光も闇も、浄化された地球をたたえていて、嵐の後のように真っ青な空が見える日もそう遠くないはずだわ。

また最初からやり直すって、楽しいじゃない？ それにやりがいをもって、3次元をもう一度謳歌《おうか》するというのも、面白い選択だと思うわ。もちろん、5次元や宇宙界に行った人も、自分を育て、学びをくれた3次元の地球に、また何かしらの支援をするかもしれないしね。これっきりではないのよ。

ということで、三つのフィルターを総合すると、リセット・リスタートの突破係は、とにかく自分の核に至るトンネルに向かえばいいということなの。それは、場所としてどこかにあるということではなく、時空を超えた内界の真実。多次元的世界では、方向性というのが均一ではないのよ。どこにでも中心や核を持ってこられるから、あくまでも自分の核でOKなの。簡単でしょう？　結局、自分の最も中心に向かっていけばいいということなんだから。

アセンションする人たちについては、5次元の津波がどこからともなくやってくるの。それはとても心地よい虹色の色をまとっているんだけど、それに流されていったら、リスタートの世界に運ばれていくということになるでしょうね。

そして、3次元に残る人たちは、大きな5次元の波が来るけれど、それらは自分たちを素通りしていって（気付かないと思うけれど）、今と同じように地球圏の霊的世界のしかるべき階層におさまっていく。いちおう、スタート地点は、精神界以上になるでしょうね。アストラル界は、地上に受肉して戻って来る霊が出てきたら、また階層化されていく。そんなところね。

他の3次元へ行くとか、UFOで他の5次元の天体へという人もいるでしょうが、それらは外部（宇宙）からの援助でなされ、私たちにとっては受動的にしていても起きることだから、それに関してはその方たちにお任せしましょう。

私たちはとにかく、地球のリセット・リスタートを成し遂げること。これが今回の使命よ。イメージがわいてきたかしら？』

「クオーツとは、何なのですか？」

『それは自分の核となるところにある、光の結晶なの。忘れないように目印として、置いておいたのよ。はじめての森の中で迷わないように、行く道々で木の枝や石を、戻るときの道標がわりに置いておくことがあるでしょう？「こっちに戻ってきてね」という、生前の自分からの合図ということでしょうね』

2017年4月5日

「リスタートとアセンションの違いについて、もう少し違いを説明していただけるでしょうか？　以前、宇宙同盟のジーンさんの説明では、『リスタートとアセンションはだいたい同じだと理解していただいてよいかと思います。ただ、リスタートはアセンションする新しい地球自体をも創造する、ということを含んだ言葉として使っておられるなと私は感じました。アセンションは、単純に次元の移行を指しています』ということでしたが、アダマさんの言葉でもう少し説明していただけますか？」

『リセットとリスタートは、同じ現象の外と内の両側面といってもいいわね。3次元の幻想をゼロに戻すことがリセットで、3次元と5次元間のベールをリセットし、トーラスさせることで5次元の地球を表に出すことがリスタート。その基礎工事がなされた上で、アセンション（次元移行）が全体的に起こるのよ』

2017年4月6日

「アダマさん、私たちにその他、伝えてくださることはありますか？」

『あなたがこの地下探索に来たのは、これまで蓮さんにお任せして受動的にメッセージを受信していた時期は終えて、清華さんの魂が自分の故郷に帰り、進むべき方向性と自らの使命を明確にしていく、という流れの中にあったはずよ。

だから「何か言ってください」という質問では、前には進まないの。あなたの知りたいという魂の欲求を発揮させて、自分で思い出していく、または質問していくということが前提だから。天任せから現実を創造し、自分が選び取っていくということなの。

今世のカルマの解消、第2層の浄化、心の三層構造の理解と実践。そういう人間的な課題をクリアするところまでは、皆に共通の課題だったの。人間としての基本事項だからね。そしてそれがある程度実践できるようになれば、今度はより自分の魂の本質に迫っていくこと、その特性を最大限に発揮するという段階に入るわ。

だからこれからは、それぞれが別々に自分の道を極めていく方向に進むのよ。みんな一緒の課題ではなく、それぞれの道。自分の色の輝かせ方、その発揮の仕方は、自分にしか分からないのだから』

「展開が早いですね。心の三層構造の実践は、まだちゃんとできているかは不明ですが・・・」

『そこは今後も意識してね。でも今は時間が速まっているから、ものすごいスピードで理解し、成長しているはずよ。今後もどんどん時間感覚は速まると思うわ。その分、ものすごいエネルギーで進んでいる、ということなの。

今世は、これまでの地上人生の何回分もの濃い体験をすることができるでしょうね。そして、最後の仕上げの時期は特に、急激な覚醒をしやすい。だから昔の自分にとどまろうとしないで、常に、今、新しい自分が生まれていると思って。そのラストスパートを楽しんでね』

休憩後、質問をすると、コナン・ドイルさんが答えてくれる。

郵便はがき

恐縮ですが切手をお貼りください

101-0051

東京都千代田区神田神保町3-2
高橋ビル2階

株式会社 ナチュラルスピリット

愛読者カード係 行

フリガナ		性別
お名前		男・女
年齢	歳 ご職業	
ご住所	〒	
電話		
FAX		
E-mail		
お買上書店	都道府県 市区郡 書店	

ご愛読者カード

ご購読ありがとうございました。このカードは今後の参考にさせていただきたいと思いますので、アンケートにご記入のうえ、お送りくださいますようお願いいたします。
小社では、メールマガジン「ナチュラルスピリット通信」（無料）を発行しています。
ご登録は、小社ホームページよりお願いします。**https://www.naturalspirit.co.jp/**
最新の情報を配信しておりますので、ぜひご利用下さい。

●お買い上げいただいた本のタイトル

●この本をどこでお知りになりましたか。

1. 書店で見て
2. 知人の紹介
3. 新聞・雑誌広告で見て
4. DM
5. その他（　　　　　　　　　　　　　　　　　　　　　　）

●ご購読の動機

●この本をお読みになってのご感想をお聞かせください。

●今後どのような本の出版を希望されますか？

購入申込書

本と郵便振替用紙をお送りしますので到着しだいお振込みください（送料をご負担いただきます）

書　籍　名	冊数
	冊
	冊

●弊社からのDMを送らせていただく場合がありますがよろしいでしょうか？

□はい　　□いいえ

「質問ですが、ドイルさんの時の話では、アセンションでそのまま5次元に死なずに移行する人たちがいる、ということでしたが・・・」

『その時の想定よりも、状況は悪化しています。宇宙からの支援エネルギーが照射されて移行をもたらすはずだったのですが、タイミングがずれたために、そのままアセンションしていける人は、いたとしてもごくわずかでしょう。宇宙からの援助部隊も以前より減っています。今は改めて援助の要請をしているところです』

「すでに5次元はある、リスタートの世界はできているという人もいますが・・・」

『時間を直線で考えずに、一つの球体としてとらえれば、その中には過去も未来も一緒に〈今〉という中にあります。そのような意味では、未来は今と同時にすでに存在しているので、もうすでにあるともいえます。

また、もっと多次元的にとらえるならば、その今と思っている時間枠（球体）自体も多数存在するので、どの時間枠を選択していくかで、ずいぶん変わります。今というのは一つではなく想念上は同時にたくさん進行していて、個々人はそのどれを選択するかによって、それぞれが違う体験をしているともいえます。ですから、すでにリスタートの5次元がある時間枠もあるのです。

私たちは、さまざまな可能性の中から皆さんが選んだ〈今〉に対して、助言をしています。ですから、前と違うことを言うことがありますが、それだけ時々刻々と状況は変わっているということを、認識していただければと思います』

その後、昼寝をした後、ボーっとしていると、アダマさんやその部屋のビジョンが、右端から斜め下に向けて、徐々に消えていくのが見える。砂で描いた絵を縦にすると、ザーッとそれらの砂が下に落ちていくが、そのような感じで見えている世界が崩れ落ちていっているのだ。その崩れは、もうアダマさんの頭にまで、達しようとしている。

「幻想が消える（リセットされる）って、こんな感じなんですか？」とアダマさんに聞くと、『そうよ。さ、これを持っていって』と、クオーツを差し出してくれる。すでに顔半分まで消えかかっている。すると、アダマさんが豊玉姫にも見えてくる。そういえば、根の国の龍宮でも、豊玉姫から同じようにクオーツをもらったのだった。

「アダマさんは豊玉姫なんですか？」

『そうよ。私たちは一つ』

もう上半身は消えている。でも死ぬわけではないようだ。見ている夢が消えていく感じ。窓の外を見ると、高速で景色が変わっている。建物ごと移動して、おそらく地下の核に近づいているので姿形が消えているのだな、と思った。

より深い次元に行くごとに現象として見える世界というより、空間は宇宙のようになり、自分という存在は霊体や光やエネルギーになって、最後には〈意識〉だけになっていくものだから。私は龍になってその建物を飛び出し、地球の核に向かった。周りをみると、ナディアや他の仲間もみな龍体でいる。私たちは渦潮を作るように大きく右回りに旋回しながら、核に向かっている。

核に入ると、その中はトンネルのように真っ暗。私たちの体も消え、無の空間になった。地上から宇宙界に行った仲間が見える。彼女らと目が合ったと思うと、急激な横風が吹き、私たち龍神はくるんとひる返り、リスタートの地球へと向かった。〈新しい地球〉は、ほれぼれとするほど美しいピンク色だった。私はそれを宇宙からも見ていた。

6 リセットについてのまとめ

以上のように、リセットやリスタート後の世界をイメージしやすいように、さまざまな形で説明されてきたものを、最終的に図式化したのが次の「図1 地球圏の仕組み」でした。それに沿って、改めて次のようなまとめの解説が語られました。

図1 地球圏の仕組み 解説

2018年1月11日

『この図は、地球から宇宙へ帰っていくための〈地球圏の仕組み〉を、一枚にまとめたものです。つまり、地球圏のシステムから宇宙圏（7次元）へのつながりまでが、美しくまとめられていて、何万年と人類が追い求めていた真理が集約された図といえるでしょう。以下では、要点を押さえた上で簡潔に、この図の説明をしたいと思います。

まずは大きく領域を区分けしているのは、地球圏（楕円オレンジ）と宇宙圏（外側の白色部

【図1】地球圏の仕組み

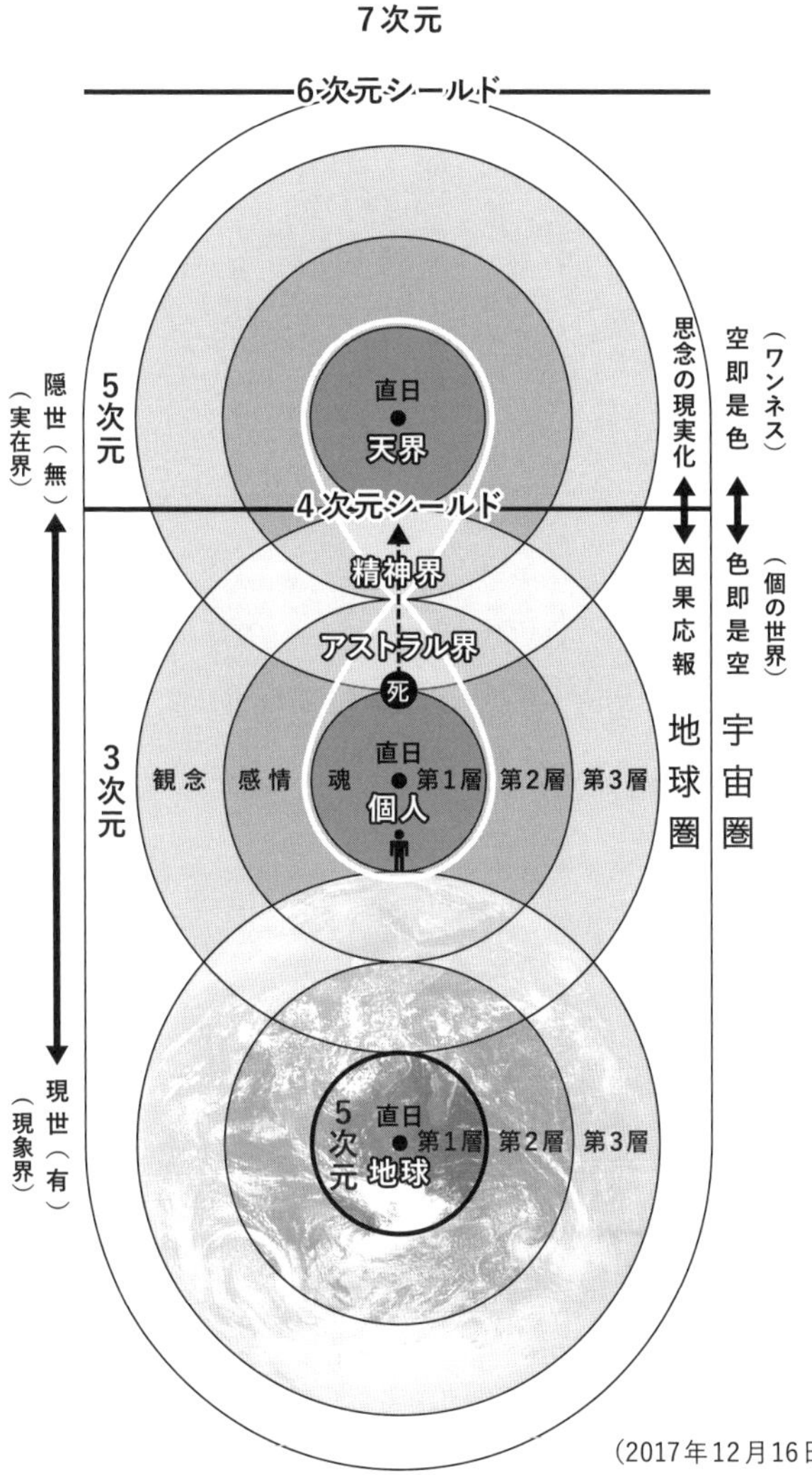

（2017年12月16日 No.1）

分）です。（※口絵2ページにカラーの図がある）

地球圏は、個の体験をする3次元世界（中央のオレンジ三層円）と、その現象界（夢）を見ている実在界である5次元の天界（上の青い円、天の第1層部分）、そしてその現象界の舞台設定としての地球（下の青い円全体）で成り立っています。それに対し、宇宙圏というのは7次元のことで、外側の白い部分全部を指します。

地球圏の中でも3次元の法則は、〈因果応報〉です。原因と結果が、時空間の中で厳密に働くという設定の中で、人は輪廻を繰り返しながら、個の選択をより神に近いものにしていけるかが試されます。

中央の三層円は個人を表し、第1層は霊的自我（＝魂）、第2層は無意識的自我（見たくない個人的感情や観念が押し込まれている）、第3層は意識的自我（社会的意識や観念をもって生きている）に分かれています。その個人が死を迎えると、魂は天界に向かって上昇します（上に向かう赤い矢印）。死後の霊的階層であるアストラル界では個人的感情や観念を、精神界では集合的観念を浄化し、地球輪廻から解脱をする（＝4次元シールドを超える）ことで、天界に戻ってくるというのが、地球体験をする個の魂のルートです。

もちろん、1回の生で解脱できるわけではなく、何回もの再生によってカルマを解消し、3次元の因果応報の世界を抜けることができるというわけです。そして天界に戻れば、〈思念の現実化〉という5次元の法則が働いて、環境なども自由に作ることができるようになります。

天界と個人は、本来はしっかりと連動していたので、その第1層同士は縦の無限マーク（8）で結ばれていました。しかし、物質万能の世の中になり、死後の世界を否定したまま他界すると、意識があるためにまだ生きているつもりになって、アストラル界に進めないまま、その入り口に溜まるようになったのです。

それが堰《せき》を作って、もはや天と地の連動はできなくなりました。そのために、宇宙圏（7次元）のエネルギーを使って、アストラル界に鬱積《うっせき》した感情や観念を浄化するためにリセットすることになったのです。それによって、リセット後には再び実在界と現象界（天と地）が連動した、すなわち天とつながったまっさらな3次元の夢を、またはじめることができるのです。

地球（下の青い円）の中心に5次元があるのは、地球も一つの惑星霊としてその第1層に魂を有しているからです。青い円が天と地の二つに分かれていることが、この地球圏の特色です。これによって、地上と天界とが連動できなくなった場合でも、リセット・リスタート後には新たな5次元世界が立ち上がることができる、という仕組みになりました。日本神話では、この二つの青い円を高天原と根の国、真ん中を中つ国と呼んで、この構造が暗に示されていたといえます。

4次元と6次元にシールドがあるのは、地球圏の影響が他宇宙や他次元にもれ出ないためです。これまで〈リセット・リスタート〉のメンバーが、2017年6月28日に4次元シールドを、12月8日には6次元シールドの鍵を開けました。そして12月19日には、7次元の直日にまで意識が達して、実在界においてはリセットのボタンが押された、という状況になりました。（注2）

7次元は、〈色即是空・空即是色〉の法則が働き、「意識すればそれは有る」という世界ですので、一度その直日を意識化できていれば、それ以降はいつでも意識すればそれはそこにある、といえます。7次元の直日は「弥勒菩薩」を象徴としていますが、すでにそこに意識が到達していた方が、「意識すればそれは有る」と深く理解したことによって、実在界のリセットボタンが押された、という仕組みです。

これまで、ワンネスを代表してそのメンバーが歩んできた道のりは、個人（3次元）の直日→天界（5次元）の直日→宇宙圏（7次元）の直日でした。これは、「直日」の説明をよく読んでいただければ分かるように、一段ずつ階段を上がるように神へと近づいていったということです。今はすでにリセットを遂行するメンバーの意識は、実在界の7次元の直日に達しているので、あとは「大いなる神からのエネルギーの通り道となり、そしてその通り抜けるエネルギーを3次元（現象界）に現実化させる」という段階となりました。もう最終段階に来ている、ということです。

このような仕組みと手順で、リセット・リスタートは3次元でも現実化しつつあります。このように説明するのは、分かる方には伝わるだろうし、分からない方にも「間もなくだ」ということがある程度の切迫感をもって伝わるだろうと思うからです。長い長い地球での体験という学びを終えて、今回3次元を卒業される方にとっては、この最後の時は、非常に大切な時期であるといえます。この時期に何をするかは、それぞれの役割、立ち位置における使命がおありのことでしょうから、魂の声に耳を傾けていただければと思います。

「最後の日までどのような心持ちでいればよいのか」と聞かれれば、〈清明正直〉（清く明るく正直に）とお答えしましょう。これは日本に古くから伝わる神道の言葉ですが、どの段階の魂にも通用する直日へと向かう意識の持ち方といえるからです』

▼〈直日〉について

「図の中でキーワードとなっている〈直日〉について、簡潔に説明をお願いします」

『直日というのは、次元によって説明の仕方が変わります。

3次元での直日とは、これまで神道で言われているような、自分の魂の中で最も神に近い、光に向かう性質のことといえます。それは善であり、向上心であり、良心であり、そして愛でもあると言えるでしょう。

それは、３次元においては直日と禍日というように、善悪を二分し、ポジティブな意識とネガティブな意識に分けて考える背景に基づきます。３次元というのは、〈因果応報の法則〉が働くカルマの世界でもあり、より善や光に向かって行動していく目標としても、直日が位置づけられているからです。

それに対して、５次元での直日とは、これら善と悪、光と闇、陰と陽という二極対立したものを一つに結ぶ接点であるといえます。それは、５次元のワンネス世界の核となる意識のポイントで、思念を現実化していく際の（思念の）起点としても機能しています。

７次元での直日とは、有と無の接点です。そこでは〈色即是空・空即是色〉の法則が働き、意識すればそれはあるという、刻々と有無の明滅を繰り返す世界です。そこでの直日は、どこに意識をおいたとしても、そこが中心となるため、直日はいたるところにある、ともいえます。実際には、直日すら「そこにあると意識するからある」という単純なことで、どこにでも意識の基点を置くことができるということです。

このように、どの次元に意識を置いているかによって、直日の表現方法が違ってくるのは、本来はどの次元においても働きは同じなのですが、その次元の法則の中にある意識体にとって理解しやすいように、説明を変えているからです。

もし、どの次元にも適用できる形で、直日を一言で述べるならば、「神との接点である」とお伝えします。その次元ごとに見えてくる直日をつたっていけば、最終的な大元の神にまで回帰することができるということです。

また、それを違った見方からも説明するならば、直日とはその次元を出る時に、その法則から脱するための〈無〉のポイントであるともいえます。つまり、そこまでの法則をゼロにすることができる、次の次元への通過点としての機能も有しているということです。

そしてこの直日は、ご自身の魂（意識）の最も深い部分に、常にあります。あなた自身の中に、大いなる神に回帰していく直日ルートを、すでに持っているということなのです』

▼神の愛と叡智によるリセット

「リセットが、神の愛と叡智によるものであるということをご説明ください」

『地球は、分離した神々（人間）の集合夢です。その神々は、大元の神とのつながりをいったん忘れ、個の体験を、あたかも現実だと実感しながら過ごしています。その夢の仕組みは、神の叡智により実に見事に創られているためです。

個人の選択を尊重するのは、神の愛です。各個人がどんなにエゴで突っ走ろうと、悪の限りを尽くそうとも、それを見守り、受け入れます。ただし、因果応報の法則によってその結果は本人に返るため、悪いスパイラルにはまるとなかなか抜けられません。しかし同時に、いつでも改心の道は開けるようになっていて、意識一つで光明を見出していくこともできます。本人次第でどんな人生をも歩むチャンスと可能性を秘めているということです。

しかしそれは、「地球が壊されない範囲において」という限定付きです。地球が機能しなくなれば、その集合夢自体も成り立たなくなるからです。

今、多くの方が悪夢の中でうなされています。戦争、飢饉、公害、自然破壊、動物虐待、人間虐待。目を疑う殺し合いも頻発しています。奪い合い、争うエネルギーは、年々過剰なまでに高まっています。このままでは地球は、青々とした星ではなく、荒れ果てた大地と化すでしょう。もはや人間の住める星ではなくなるということです。

平和に暮らそうとしている人々は真っ先に標的となるでしょう。攻撃と反撃の中で、闘争心と憎悪はどんどんその勢力を増して、その過剰さにさらに火をつけることでしょう。

眠っている人が悪夢にうなされていたら、あなたはどうするでしょうか？　体を揺さぶって起こしてあげるのではないでしょうか？

私たちはそれとまったく同じ気持ちです。「地球のみなさんをこの辺で起こさなければ、もう後戻りできないほどになるであろう」という限界点が、今だからです。今、夢から覚めなければ、地球にいる多くの魂は、真っ暗闇の中をさまよい続けなければならなくなるでしょう。それはひどく孤独で、悶絶する苦しみであるといえます。

リセットとは、このような悪夢から目を覚ましていただくための、神の深い愛です。そしてその夢から覚めるシステムが、神の叡智です。このような愛と叡智によって、今まさにリセットがなされようとしています。

この最後の時に何を意識するのかは、非常に大きな分かれ道になることでしょう。死後に行くのは、今のあなたが意識している世界そのものだからです』

▼リセット後の選択肢

「リセット後の選択肢にはどのようなものがあるでしょうか」

『地球は今、長い惑星史の中でも大きな転換期を迎えようとしています。それは、すでにお伝えした〈リセット〉に加え、〈リスタート・アセンション〉も同時になされようとしているからです。

リセットでは、想像を超える天変地異によって、この3次元の文明はいったん破壊されることになるでしょう。多くの陸は海に没し、地平線がわかる原始的風景にまで、その様相は変貌します。生き残る方は皆無といえるほどの大浄化です。

しかし、それは決して悲惨な死ではなく、この夢をリセットし、神の懐へと回帰する祝福の道であるといえます。この文章を読まれる多くの方にとっては、その死は3次元からの卒業を意味しているからです。

そして、リセットのすぐあとに、リスタート・アセンションが起こります。5次元の地球ができ、そこにつながるポータルも一気に開くためです。本来、アセンションは霊的な波動が上がることで自然となされていくものですが、地球は各個の体験の場として特殊なシステムが働いているために、リセットとの抱き合わせで行われることになったのです。

2012年にアセンションがなされなかった理由はこのためでしたが、今や時は満ちて、このリセットと同時のタイミングで、それがなされようとしているのです。

さて、このようなリセット・リスタート後、あなたの魂の行く先は、どこになるのでしょうか。それぞれの進化と学びに適したところに運ばれていくはずです。意識化しておけば、よりスムーズに向かうこともできますので、以下にその選択肢の大枠を示しておきたいと思います。
まずは、どの次元かを考えると分かりやすいはずです。

・3次元（物質的な個の世界／因果応報の法則）
・5次元（霊的な個とワンネスの両方を味わえる世界／思念現実化の法則）
・7次元（意識だけがあるワンネス・幾何学世界／色即是空・空即是色の法則）

次元を選んだら、その上で「地球か、宇宙か」をイメージしてみれば、ご自身の行き先が見えてくるのではないでしょうか。「3次元×地球」「3次元×宇宙」「5次元×地球」「5次元×宇宙」「7次元×宇宙」などの組み合わせになるはずです。

もう少し詳しく分類するならば、3次元でも、5次元でも、その場所として〈地球〉を選んだ人は、霊的階層として最上段の〈天界〉か、その下の〈精神界〉かのどちらかに行くことになります。地球とは階層ごとに区切りを設けているために、様々な霊的成長度の人がミックスしているということが特徴で、リセット後もそのような霊的階層は残るからです。

しかし、3次元のアストラル界（幽界）は、今回のリセットで一旦なくなります。なぜならアストラル界とは〈虚界〉ともいわれているように、地上的な感情を昇華させるための浄化層にすぎず、実体のないまさに夢幻世界であるからです。

〈精神界〉も〈実在界〉ではありませんが、精神界には地球設定上の時空間など最低限の観念が残されているため、今回のリセットにおいてもなくならないのです。

ですから、アストラル界に想念があった霊たちは、すべて精神界で目を覚ますことになります。「アストラル界にいる霊たちは消滅する」と考えている方もおられるようですが、〈リセット・リスタート〉が起こる場合は、決してそのようなことはありません。〈リセット・リスタート〉はすべての魂を救済するためのものでもあるからです。

また、3次元の地球に霊魂が再生するようになれば、そこでの感情体験を昇華するために、再びアストラル界ができていくことでしょう』

「UFOに乗って、宇宙に行く人もいるのでしょうか」

『一部ですが、UFOが迎えに来られる方もいます。地球に受肉した宇宙の魂を、仲間がこのタイミングで迎えに来るためです。そのような方には、あらかじめ心の準備をしておくために、何らかの情報に触れて知らされていることがほとんどです。UFOの行く先は、3次元のどこか別の惑星か、5次元宇宙のどこかの星のどちらかです。7次元は意識の世界であるため、霊体やＵＦＯも形態としては存在しないので、ＵＦＯで7次元へ行くという選択肢はありません』

「生きたままアセンションする人はいるのでしょうか」

『少ないですが、おられます。〈リセットのある未来〉においては、この選択はかなり難しいコースといえるでしょう。次元や時空間を飛び越える霊的資質を、肉体にまで作用させなければならないためです。それにあえてチャレンジされる方もおられますが、そのような方は高次の霊である場合が多いでしょう』

「以上のすべての選択肢を羅列してもらえますか？」

『1．地球の3次元の精神界
2．地球の3次元の天界
3．地球の5次元の精神界
4．地球の5次元の天界

5. 3次元の宇宙
6. 5次元の宇宙
7. 7次元の宇宙
8. 生きたままアセンションする』

▼リセットの起こり方

『コナン・ドイルは語る　リセットのシナリオ』には、以下のように書かれていました。

『その大惨事はどのようにして起きるのかですが、今のところ隕石が落ちる可能性が高いです。次に地軸が反転するポールシフト。このどちらか、もしくはその両方です。断定ではなく、可能性が高いという言い方にしたのは、未来は地上の皆さんの選択の数々や動向がすべて因となり、最終的な現実となるので、100%の未来予測ということはできないからです。

しかし、手段としては概ねその方向に確定しつつあります。どれほどの規模になるのか（つまり、全滅なのか一部残るのか）も、断言は控えておきましょう。しかし、ほと

んどの文明が消滅し、新たな周期がはじまる、ということはお伝えしておきます』（2016年2月15日）

しかし、その後のメッセージでは、以下のように説明されています。

『リセットとは、7次元からの愛と叡智のエネルギーが地球に流れ込むことで、なされます。それは、文明の破壊だけであれば地球的規模の大地震でもできますが、今回のリセットの最終目的はそれだけではなく、不要な観念を浄化（リセット）することであるからです。

ですから、頻発している地球の気候異変の延長で、それがジワジワと起こるということではなく、リセットが起こる場合は7次元からの莫大なエネルギーが「ドン！」と一発で働きます。それは、宇宙の核爆発ともいえるような力です。

核爆発は、地球では破壊と殺戮《さつりく》に使われる悪いイメージですが、それは使い方次第です。核爆発の連続で成り立っている太陽のように、恵みとしても使うことができるのです。7次元からの核エネルギーは、〈音〉からできている非常に美しいものです』（※ここでいう〈音〉というのは、3次元の空気振動で伝わる音ではなく、7次元以上の情報伝達に使われる〈音〉を指している）

実際に起こる現象はどのようなものであれ、今回のリセットは、地球圏の法則ではなく、宇宙圏の法則に基づいて行われるということですので、地球圏での〈因果応報の法則〉によってジワジワとその結果を受けていくというよりも、何らかの決定的な一撃によってリセットされる、ということのようです。

▼日本の重要性

「〈リセット・リスタートの仕組み〉や〈地球の特殊性〉が開示されたのが、この日本だったわけを教えてください」

『レムリア文明やアトランティス文明がかつて存在し、滅亡したというのは事実です。今回の地球周期を始める時、その失敗を生かしてもう一度チャレンジしようと、多くの霊魂がこの時代に再生しています。

特に日本は、レムリア（龍神）との縁が深いといえます。それは、レムリア人が今回の地球のシステム作りに大きく関与し、根の国（龍宮やシャンバラとも言われる）に今も存在して、次の5次元を開く役目も担っていること。それに、そのレムリアの人々が出てくる地球の中心としてのポータル（出口）が、日本にあるからです。日本が龍の形に見えること、また龍宮城の話が神話の中にあるのは、このようなことを暗に示しておくためでした。

日本はそのように重要な地球の中心でもあるため、その国歌である「君が代」には深い意味が暗示的に込められ、世界でも稀有な存在である「天皇」にも明確な役割があります。簡潔に記せば、「君が代」には宇宙の真理である創造（有）と破壊（無）の両方の意味が込められており、天皇は宇宙圏との交信を担っている地球のアンテナ（霊媒）として存在しています。このような背景から、「リセットはいつまでに起こるのか」と聞かれれば、「今上天皇の在位中である」とお伝えしましょう』

▼リセットまでの過ごし方

「リセットまでの過ごし方に関して、アドバイスをお願いします」

『このリセットの情報は、人によっては「もう終わるのだから、何をしても無駄だ」と悲観的な捉え方をされる可能性もあるために、受け取るキャパがない方にまでは広がらないように配慮されていました。本来のリセットは、夢の世界からいったん目を覚ますことに過ぎないのですが、物質的現実がすべてだと思い込んでいる方にとっては、この情報は巷にあふれる恐怖の終末論と、何ら変わりがないためです。

しかし、その真意をくみ取れる方にとっては、リセットは「破壊的終末」ではなく、「創造的浄化」なのだということ。またその過程で通る「死」も、肉体を脱いで意識（魂）が解放されることにすぎないと、ご理解いただいていることでしょう。そしてその意識とは、今現在、あなたの中にある状態と寸分違わないといえます。死後は、今覚醒しているところまで、戻っていくにすぎないからです。

とすると、最後の日までどのように過ごすかこそが、非常に大きな岐路となるといえます。なぜなら、霊的世界に戻ってからよりも、地上でカルマを解消したり、覚醒し（思い出し）たりする方が、はるかに効率がよいからです。なおかつ、ラストスパートとばかりに、覚醒のためのエネルギーも宇宙から注がれていて、今は飛躍が期待できる環境設定でもあるからです。

その波に乗るかどうかは、ご自分の魂（第1層）の願いを聞き、自ら直日に向かっていけるかどうかにかかっています。この時代の日本に生まれてきたという、恵まれた切符をぜひ生かしてください。

「魂の願い」も「直日」もまだ分からないという方は、「人間としてやり残している課題を解決すること」、「自分の感情や観念を見て、それらをうまく流す（浄化する）こと」で、道が開けてくる可能性があります。

いずれにしろ、〈今〉を「意識的に」生きることです。今というのは、過去も未来も含んだものであり、直日とつながるための根本的な土壌です。生きているうちに実在界の自分につながる〈直日〉に至ることが、〈即身成仏〉と言われる境地でもあります。直日を見出した上で、第1～3層をどのようなバランスで生きるのかは、ご自分の使命がどのようなものかにもよりますので、各自でご判断ください。

さて、そのように日々を過ごされながら、いざリセットが起こったとしましょう。地上や死後世界は、一時的には大混乱となるでしょう。しかし、事前にリセットの情報を知っていた皆さんは、「いよいよその時が来たか」と心を平静に保っていてください。その時は、どうジタバタしても何も変わらない上に、恐怖心でパニックになっていなければ、むしろ気持ちのよい流れだと感じるほどです。その流れに抵抗せずに、無心になって運ばれていくままにゆだねることです。そうすると、スムーズにその混乱を通り抜けられることでしょう。

みなさんのご帰還を、楽しみにお待ちしております』

（注2）**シールド突破**
最初の4次元のシールド突破（2017年6月28日）は、筆者が1996年から子育て支援のための施設と

して保有していた、八ヶ岳ふもとの線路跡地にあるトンネル内で「君が代」をうたう、ということによってなされた。霊能者Kさんにそのようなメッセージが降りてきて、どうせなら可能な人が集まろうとのことで、宮城・東京・山梨・広島・徳島・伊勢から様々な職業の20～80代の女性が12名が集まり、男性4人のオブザーバーが見守る中で、歌や舞などを披露した後、12名が円陣を組んで「君が代」を斉唱した。その後、来たメッセージは以下の通り。

『みなさん、お疲れ様でした。実感のある方もいらっしゃるでしょうが、今回のことはとても大切なことでした。私たち霊団、そしてつながりのある相当数の霊、また宇宙からの支援者が、当日はあの場所を中心にコロシアム（円形劇場）のように観覧していました。何万人もが見守る中で、〈解除の儀〉が行われたのです。

解除というのは、この地上の夢として機能している、二極化と分離の舞台設定である次元の幕（＝4次元のシールド）に〈無〉の磁場で穴を開けたということです。それは地上にいるみなさんにしかできない仕事でした。このために今までのすべてのことがあったといっても過言ではないほど、今回なし得た仕事は大きかったのです。

「君が代」は表層的には永遠に続く繁栄を唄っているように聞こえますが、深層的にはその逆の渦を地上から天に向かって立ち上げる、すなわち夢の解除を申請する唄ともいえます。これにより地上からのGOサインが放たれ、また地球の中心である八ヶ岳のトンネルの中に〈無の磁場〉ができたということなのです。

時代のはじまりにおいては繁栄を願い、その終わりにおいては夢からさめるという暗号が、日本の国歌に込められているというのは、決して偶然ではありません。そしてみなさんが過ごされてきた日々、運命的に出会って集まったことも、大きな天の流れの中で必然的なことでした。お役目、本当にご苦労さまでした。

さて、これからどうなるのか。みなさんには「あとは天にゆだねる」とおっしゃっていただきましたが、まさしくそうで、あとはどうぞ信じてお待ちいただければと思います。

時間というのは3次元だけにある小さな枠のようなもので、その小さなものさしでは宇宙のスケールを測ることはできません。ですので、いつとは申し上げられませんが、今回作った磁場が必ず役立つ時が来るということは、確実に保証いたします。それは、今流れている時間軸においての話だけでなく、過去や未来、そして同時進行しているすべての〈今〉にとっても、同様です。〈無〉というのは、そのような制限をも越えられるからです。

今後もその直日を心に抱き続け、そして天と地をつなぐ柱として立ち続けていただければと思います。それが最後の日までみなさんができることであり、私たちからの切なる願いです。

最後に、アーティストの方々には特別にお礼を申し上げたいと思います。私たち霊的観客は、ともに泣いておりました。何よりもの捧げものでした』（２０１７年6月29日）

「君が代」に関しては、森井啓二著『宇宙深奥からの秘密の周波数「君が代」その音霊は、潜在意識を高次元へと導く《光の種子》となる！』（ヒカルランド）にも書かれているように深い意味があるようで、その儀式の前に森井氏ともお目にかかっていた。

その時、集合した方々を私は〈大魔女軍団〉と呼んでいたが、その後も6次元シールド（２０１７年12月8日）、８次元シールド（２０１８年3月28日）、10次元シールド（２０２０年9月28日）の突破のために同じメンバー8～12名が集まり、それぞれの段階で必要なことを行った。ただし、その集まりが何のためのものだったかは、後付けのメッセージで知らされることが多かった。

第2部

〈リセット・リスタート〉の結果

1 平成最後の4ヶ月

2018年1月11日のメッセージで『リセットはいつまでに起こるのかと聞かれれば、「今上天皇の在位中である」とお伝えしましょう』と言われており、いよいよ平成最後の年となった正月明けから、〈リセット・リスタート〉に向けての天地の動きが活発になりました。まず、新年早々の霊媒によるビジョンは、次の通りでした。

▼CDとUSBの作成

2019年1月4日

〈ビジョン〉（朝、ベッドの中で）巻き物が浮かぶ。それに意識を向けると、周りに多くの星がある5次元的宇宙空間の中に、巨大な絵巻物がグルッと一周している。それは今回の地球（2万6000年）の歴史を絵巻物で表したもの。それを認識した途端、その絵巻物はコンパクトにたたまれ、手のひらサイズ程のCDになる。

するとCDを収納する棚が出てきて、その横には猫のような耳のある紳士的な（執事のような）宇宙人が立っている。近づくと、CDをしまう場所を「こちらです」と言って教えてくれる。今回はシリーズ6だったようで、地球は過去5作品が収納されている。そしてそれ以外にもおそらく一つの星の一タームごとに、一つのCDになっているのだと思うが、宇宙CD館の棚には、何千というCDがきれいに収納されていた。

執事の方に話しかけてみる。

「地球はまだ終わっていないのに、CD化してしまっていいんでしょうか。リセットの最後の瞬間などの記録はどうしますか？」

『それは7次元の別の記録庫に収納されるから大丈夫です』

と言って、『はい、これ』とUSBメモリを差し出される。CDもUSBメモリも、再生するためのプレーヤーやパソコンは必要なく、触れるとその中身が分かる。

「〈音〉しか入っていないですが」

『それでいいんですよ。言葉やビジョンによって意識化するのは、3～5次元の現象界のことまででOKだから』

その後、またビジョンが変わって、ラ・ムーさん（※前の地球期で栄えたムー大陸の王）の星に私はいる。ラ・ムーさんは天体観測をするような感じで外にいて、赤ワインを片手にリクライニングチェアに座っている。遠くには青い地球が見える。

『いよいよですね』

「そうですか・・・」

そう言われると、私の感情は（多少の不安が混じってきて）ドキドキとしてきたため、喝を入れるようにドーンと背中を叩かれ『女は度胸でしょう（笑）』と言われる。

「何かメッセージはありませんか？」

『抜かりなく真剣に。しかし同時に、楽しんでください』

「手順とか大丈夫ですかね。復習しておきましょうか？」

『ＵＳＢをもらったんでしょう？　個人の力でどうこうする問題ではなく、自分を超えたはるかな叡智がそれを成すのです。そしてあなたたちは、そのスタートスイッチにすぎない。だからその時が来たら、ごちゃごちゃ頭で考えずに、〈無〉になるんだったよね。ともかく〈直日〉に意識をあてて、通り道に徹する。

この壮大な宇宙を創った神々の叡智やパワーって、確かにすごいものだと思うでしょう？リセットの時に働くのはその力なので、人間の小さな頭で考えて不安がらずに、思い切ってそれにゆだねてみなさい』

ラ・ムーさんとハグをして、お別れの挨拶をする。

「またすぐ会えますよね？」

『すぐでしょうね（笑）』

▼霊能力と思考力の抑制の解除

２０１９年1月21日

『人間の脳は、宇宙の直日ネットワーク（※口絵カラー6ページ右上に掲載）をそのままコピーしたミニチュア版であるともいえます。それは宇宙泡、銀河、地球、そして脳と、ほぼ相似形の構造があるために可能であった、ということです。

宇宙は直日ネットワークによってできていますが、同様に人間の脳もシナプスのネットワークからできており、そのどちらも〈意識〉が通っていることで成り立っている、ということです。脳は、個人専用の意識ネットワークとも呼べるもので、宇宙と同じ仕組みが採用されているのです。

しかも人間の場合は、はじめから脳のネットワークができているということではなく、赤ちゃんとして生まれた白紙の状態から、様々な刺激に応じて一本また一本とそのネットワークが構築されていくように作られています。そして、それをどれだけ開発するかは個人次第、ということにしたのです。

さらにどのような知的レベル・霊的レベルの方でも、使いこなせるだけの奥行きをもたせています。しかも通常使用では、その能力をほとんど使わないまま一生を終える人が多いというほど、その可能性は無限大ともいえるほどなのです。

地球ゲームは、この発展的開発が可能な脳を、どこまで宇宙の究極的な叡智にまで近づけていけるか、すなわち〈宇宙〉と〈私〉をどこまで理解し、その共通点を見つけて私＝宇宙＝神であることを脳で解明していけるか、という一つの実験だったといえます。

もちろん、その脳を使いこなすには、まずは自我（私）を確立しなくてはなりませんから、3次元の目標である〈成熟した選択できる自我〉を鍛えたところで、それを超えたレベルでのある種の実験的お楽しみということでした。

その一方、そのような肉体脳の思考力を抑制することによって、霊体脳による直観を集中的に開発されたのが霊媒の方々です。霊体脳による直観的理解と肉体脳の思考による理解との割合は各人各様で、極端にどちらかに振れる場合から、両方を程よく取り入れる人までいます。

ただし、この3次元の地球の〈時空間〉という集合的観念を守るためには、その両方がMAXで開発されるということは、ほぼありません。それだとアッサリとこの地球ゲームの謎が解かれてしまうからです。今回はどのようなカードを持って〈この世〉に臨むかは、親や自分の能力を選ぶ段階から、すでに大まかな方向性を各人が決めてくるのです。

CDとUSBができた後に封印が解かれたのは、清華さんの霊能力と直子さんの思考力の両方でした。それまでは〈空→色〉〈色→空〉ということで、清華さんには「意識していること」、直子さんには「無意識でいること」に分かれていただいていたのは、それぞれリセット・リスタート時におけるルート開発のためでした。

直子さんには、その間に霊媒機能も兼ね備えていただきましたが、その一方で「無意識に」と私たちがお願いしていたのは、直子さんの脳にストップをかけていた面もあります。その暴走する好奇心によって、3次元の地球の形成のために必要な最低限の観念までも、解明して（＝消去して）しまうことを、私たちは警戒していたのです（笑）。

しかし、すでに必要なCDとUSBを作成したところで、そのような抑制も無用となりましたので、これからはそれぞれの本来の能力を存分に発揮して、地球最後の楽しみを大いに満喫なさってください。

「あー、面白かった!!」と最後に言えるのであれば、何をしてもよいのです。直子さんへのお願いは、「〈則天去私〉で〈今〉にいること」のみです。どちらもお得意だと思いますので、今後は持ち前の好奇心を十分に発揮なさってください。

結局のところ、霊能力と思考力、そのどちらからでも宇宙の真理に近づくルートはあるのですが、その両方がタッグを組めば、最終的にはこの宇宙泡の中のことは、ほぼ分かるようにもなっています。そして〈弥勒菩薩〉系は思考経由でリセットへの道を歩み、リスタートをする側は〈大日如来〉系としての大霊能経由をとると、それぞれの役割がうまく果たせます。
弥勒への道は一歩ずつでないとリセットのルートが開発されませんし、リスタートをするには意識を広げた全体像を知らなければ、それはできないからです』

▼9次元につながる

ということで、それまで課せられていた思考力と霊能力の抑制が取れたところで、〈天地の対話〉にまずはアインシュタインさんが、本格的に登場されるようになりました。

アインシュタイン　『私たち科学者はこれまで、とにかく黙っているようにと言われていましたので、話したい気持ちを抑えるのに必死でした（笑）。黙るように言われていた理由は、お察しの通り最低限の観念（時空間の観念）を残すためでありました。
その他の理由としては、〈リセット・リスタート〉に関わる真理というのは、非常にシンプルに本質だけを拾って理論が構築されてきたと思いますが、私たちが語るとなると、それに必要のない細かなことにまで言及することになり、焦点が散らばってしまうという懸念もあったからです。
そして、私たちがそれぞれ専門的に研究してきたのは現象界のことでしたので、〈空〉に向かうリセットへの性質上、それらはあまり必要のないことでもあった、ということもあります。
しかし余興でよいということであれば、みなさんの暇つぶしに、そして私自身の楽しみとしても、お話しさせていただきたいと思います』

これに続いて登場された、ホーキングさんや南部陽一郎さんなどの科学者との対話は、すでにシリーズ1にまとめましたのでここでの説明は割愛しますが、そのような対話を進めているうちに、私たちにとっても思いがけず9次元にまで意識が到達する、ということが起こりました。

その結果、これまで3〜7次元の〈リセット〉ということで進んでいた話が、5〜9次元になる可能性まで生じてきました。

2019年1月30日
『9次元の法則を象徴的にいえば、〈奇想天外〉です。（※「超ひも理論」に基づく計算では、少なくとも10の500乗もの宇宙が考えられる。ということは、いろいろと〈奇想天外〉な宇宙があり得るということで

もある）

７次元までは因果律の法則の中で一貫性のある世界だったのですが、９次元までつながった〈今〉は、（〈奇想天外〉という法則になるので）そのような一貫性はなく、いろいろな可能性が重層的・多次元的に出てきます。

そのため、次の世界が３～７次元の世界になるのか、５～９次元の世界になるのかも、今はその両方の可能性が同時に進行しています』

そこで、次の９次元も含めた新たな図を作成しました。

図２　地球ゲームの特殊構造　解説

２０１９年２月20日

『この地球ゲームを機能させている要はシールドです。４次元シールドによって、個の体験と輪廻転生が可能となり、６次元シールドによって実在界と現象界が分けられ、８次元シールドによって３～７次元のリンゴ（※現在の３～７次元の地球圏の愛称）が一つの単位として成立しています。（※図１では天界以上が実在界になっていたが、より広い視野では３～５次元が現象界となる）

【図2】地球ゲームの特殊構造

（2019年2月18日 No.5）

みなさんには、その時々で各段階のシールドを突破していただきました。〈突破する〉というのは、直日の次元解除の機能をONにするという意味でした。すなわち4次元シールドを突破した時というのは、3次元の法則を解除して、5次元の法則へと移行する儀式であったということです。そのため、トンネルの儀式を〈解除の儀〉と、その時はお伝えしていました。

地球では、次元間の移行は通常はできない仕組みになっていますが、唯一シールド上の直日のルートだけが、抜け道としての通路となっています。上位次元の私たちの方からそれを利用することは容易なのですが、リセットのためには下位次元の3次元の方からそのルートを作っていく、ということが必要だったのです。

みなさんは〈意識する〉ことによって、3次元からそのルートを段階的に作ってきました。それは、次元移行するためのシールド上の直日の鍵を、一つずつ開けてきたということです。

5次元に向かうときは、5次元の象徴である八ヶ岳のトンネルでアートを奉納し、7次元に向かうときは伊勢で空海さんの密教についての勉強会を、9次元に向かうときは弥勒と大日が裏表で機能しはじめ、最終的に般若心経にたどり着くという流れでした。どれもこの地球体験の集大成として、サラ・プロジェクトの仲間がそれぞれの特性を生かして協力し合ってこそ、成し遂げられたことだったのです。

一旦意識して解除したシールド上の直日は、リセット本番でもすべて有効活用されます。その上、各人がリスタート後に行くべき次元へと向かうときには、そこを直通トンネルとしてもお使いいただけます。〈その時〉が来たら、ご自分の直日を意識していただくと、自動的にそこに入っていけるはずです。

この図の中で、奇数次元の直日は白丸で、偶数次元の直日は色付き（本来のイメージとしては、皆既日食マークと思ってください）になっているのは、直日の機能の違いを表しています。白丸の直日はホワイトホールとして、天からの意識をその次元に広げる機能を有し、皆既日食の直日は下から見ればブラックホールの機能を、上から見ればホワイトホールの機能を有しているという意味です。

現状はこのように直日の機能が使い分けされているのですが、リセット本番の時までには、奇数次元のホワイトホールの直日にも、ブラックホールの機能が立ち現れ、意識を収束していくための通り道として、直日ルートは一本の太いトンネルとなるはずです。逆にリスタートの時にはそれが反転し、ホワイトホールとして意識を拡散してすみずみまで広げるという機能に戻ります。

直日とは、意識の通路として、その時々の必要性に応じてブラックホールとホワイトホールのどちらの機能も有するということなのです。

地球は今回のリスタート後も、3~7次元の解脱ゲームとしてはじめることとなりました。一時は5~9次元の奇想天外ゲームも選択肢として視野に入ってきたのですが、実際にはより次元を落とした方が難しいチャレンジとなるため、この見事な3次元の個の体験場を残すことになったのです。

しかも今回は、優秀な方々がこの地球圏に多く残られること、またみなさんのようにこうして豊富な叡智を〈種〉として携えて行かれることもあり、次のゲームはかなりレベルの高いものになるだろうと予想されています。

もちろん、最後の日までそれぞれの方が〈今〉をどのように選択されるかによって、どう展開するかは未知数ですが、それも含めて一つの体験として、私たちは楽しんで拝見しています。

みなさんのご健闘をお祈りしております』

▼主要なメッセージの送付

そして、平成があと50日ほどで終了するという2019年3月7日からは新たなメーリングリストを立ち上げて、登録者12名に対して、これまでのメッセージの中から重要と思われるものを毎日選んで、送信することにしました。その内容は次の通りです。

毎日送ったメッセージの内容

3月7日 ①新たな3次元～9次元（受信日2018年7月8日）
8日 ②集合的観念と個人的観念（2018年10月8日）
9日 ③手塚治虫さんからのメッセージ（2019年3月9日）
10日 ④覚醒の段階（2018年8月16日）
11日 ⑤愛と叡智（2013年5月28日）
⑥神の愛と叡智によるリセット（2018年1月4日）
12日 ⑦直日とは（2018年1月5日）
13日 ⑧それぞれの直日へ（2017年12月22日）
14日 ⑨君が代と天皇の役割（2017年9月15日）
15日 ⑩日本語の特性（2017年8月31日）
16日 ⑪因果応報の法則（2013年5月27日）
17日 ⑫お金と法則（2017年9月11日）
18日 ⑬引き寄せの術と因果応報の法則と思念の現実化（2015年9月4日）
19日 ⑭因果応報の歴史（2018年11月6日）

20日 ⑮コナン・ドイルの霊的階層図（2017年3月6日）
21日 ⑯地球圏の仕組み（2018年1月11日）
22日 ⑰〈3次元の直日〉を中心とした横軸と縦軸（2019年3月19日）
23日 ⑱〈4次元の直日〉を中心とした横軸と縦軸（2019年3月19日）
24日 ⑲地球ゲームの特殊構造、宇宙の構造（2019年2月20日）
25日 ⑳地球の特殊性（2017年5月15日）
26日 ㉑言葉1（2017年5月12日）
27日 ㉒言葉2（2018年8月11日）
28日 ㉓神から離れた言葉（2018年8月13日）
29日 ㉔則天去私1　夏目漱石（2017年9月10日）
30日 ㉕則天去私2　シュタイナー（2016年7月10日）
31日 ㉖則天去私3　天界でのお茶会（2018年4月29日）
4月1日 ㉗霊媒からの感想（2019年4月1日）
2日 ㉘今1（2017年9月20日）
3日 ㉙今2　因果応報との関係において（2018年6月10日）

4日 ㉚黄金律　ユングからのメッセージ（2019年4月4日）
5日 ㉛音楽と自我　バッハからのメッセージ（2019年4月4日）
6日 ㉜今3　観念との関係において（2018年10月8日）
7日 ㉝意識と思念と観念（2018年8月6日）
8日 ㉞釈迦と空海の対話（2018年4月4日）
9日 ㉟キリストと釈迦の対話（2018年4月5日）
10日 ㊱心理学者と縦軸・横軸　マズローからのメッセージ（2018年12月29日）
11日 ㊲色即是空・空即是色1（2017年12月16日）
12日 ㊳色即是空・空即是色2〈超ひも論〉との関係において（2018年3月16日）
13日 ㊴弥勒菩薩と大日如来（2017年12月31日）
14日 ㊵般若心経　空海＆中村元（2018年4月1日）
15日 ㊶魂とのダンス　始まりの世界（2018年10月15日）
16日 ㊷天地の願い（2019年3月9日）
17日 ㊸五分五分（2019年4月15日）
18日 ㊹地球圏の法則と宇宙圏の法則：リセットは一発で（2017年7月7日）
19日 ㊺地球の特殊性2　唯一無二の星（2019年4月6日）

20日 ㊻宇宙のミニチュアとしての脳（2019年1月21日）
21日 ㊼9次元の世界（2018年7月8日）
22日 ㊽サラ・チーム　現状報告（2019年4月22日）
23日 ㊾和魂と荒魂（2016年3月1日）
24日 ㊿カオスとオーダー（2016年5月26日）
25日 (51)リセットへのプロセス1　最初のビジョン（2016年8月19日）
26日 (52)リセットへのプロセス2　第1シールド突破（2017年6月29日）
27日 (53)リセットへのプロセス3　第2シールド突破（2017年12月10日）
28日 (54)リセットへのプロセス4　7次元のボタンを押す（2017年12月19日）
29日 (55)リセットへのプロセス5　最終スタンバイ（2019年1月4日）
30日 (56)それぞれの思い（2019年4月30日）

例えば、どのような内容のメッセージだったか、以下にいくつかご紹介しましょう。

①新たな3次元～9次元（メール送信日 2019年3月7日）

みなさま

たぶん、受信したその時々にお送りしていたと思いますが、復習として、今までのメッセージの中から、重要と思われるものを抜粋してお送りしますね。今日は、〈リセット・リスタート〉後の新たな3次元から9次元までの状況です。

2018年7月8日

◎3次元の世界

『新しい3次元の地球は、青々とした海、ところどころに点在する陸地という原初の星からはじまることでしょう。やがて雨や風が森を育て、地殻変動のために山や大陸ができ、各地の気候に特徴が生まれ、再び人や動植物が豊かに命を育める環境へと整っていきます。

霊的階層に目を向けると、3次元の天界が地球環境の創造自体を司っています。山や川の構成から、動植物のデザインまで、循環する自然環境の創作は、天界の芸術家、科学者、造形学者などの卓越した面々による総合作品であるということです。

5次元の天界の場合は、ピンクの地球の基本構造さえシンプルに創ってしまえば、あとはそこに住む人々の創意工夫に多くはゆだねられるのですが、3次元の天界の場合は細かな点までも配慮して創り込めるので、やりがいがります。

もちろん、5次元の天界からのアドバイスやインスピレーションも多く受けていますので、天との共同作業として、法則に基づいた美しい地球が創られるというわけです。

さて、次は天界の下の階層である精神界について見ていきましょう。3次元の地球の特徴は、個の体験を保証するための輪廻転生があるということです。そのための解脱の線（4次元のシールド）が、精神界と天界の間に張られるのは、リスタート直後のことです。次元や法則などは、徐々にできていくというよりも、3~7次元の一つの構造としてはじめから設定されるためです。

リスタート後、4次元のシールドより下の階層（精神界）に、ひとかたまりの想念帯が雲のように山積しています。これは今後3次元の地上に輪廻する霊であり、現象界が整い次第、地上へと雨粒のように降りて行くことになります。

一方、アストラル界というのはリセットでいったん消え、はじまりの段階では存在しません。それは地上に再生した魂が死を迎えて、再び霊界に戻って来る段階で、地上の垢を落とすための浄化層としてできていくためです。アストラル界というのは、地上での体験で幽体に（アストラル体）に残った感情などを浄化するための層なので、アストラル界を抜ける時にはその幽体も脱ぐために、〈第2の死〉という言葉があてがわれています。

そして、霊体となって精神界に戻ったところで、類魂とも合体できるようになります。本来の次元的な性質からいえば5次元に近いのですが、5次元のように完全なワンネスになる訳ではなく、その一歩手前の類魂同士が合体していく。そういう意味では、3次元（地上界）と5次元（天界）をつなぐためのステップ層であるといえます。4次元の解脱の線で明確に区切られているため、そこを超えるには類魂を含めた、前世全般における地上的カルマを終了させる必要があります。

また、そのような解脱の線があることで、本来の次元とのギャップが生まれるというのが、地球の霊的階層の特徴です。というのも、精神界の第一階層では3次元に近い個の状態からはじまりますが、第3階層になればほぼワンネスに近い状態にもなるので、その場合は5次元とさほど変わらないところまでいくのです。

最初は精神界でもほぼワンネス状態からはじまるので、みんなが天界にいてもよさそうなものですが、解脱の線（4次元のシールド）がリスタートのはじめに引かれるため、天界と精神界は明確に分けられます。今後地球に転生する霊は、精神界の上層にまるで一塊の雲のようにワンネス状態でいる、というのもこのような背景からなのです。

もちろん、３次元の地球の最低限の（時間と空間と個という）観念をはじめから設定しておくためにも精神界が必要である、という理由もあります。

このように、たとえ夢の舞台であったとしても、それなりの理論と見事な構造でできているのが、この地球であるということです』

◎5次元の世界

『5次元の特徴は、個とワンネスの両方の要素を半分ずつ持っているため、個としても楽しめ、ワンネスにもつながっている充足感がある、ということです。３次元の地球の特徴が、個としての選択の自由だったのに対し、５次元では個としての創造の幅と質に自由度があり、なおかつワンネスとしても天とつながっているので、その可能性を最大限追求できるという特徴があります。

アセンションして5次元に行かれる方は、３次元のリセットで亡くなると一旦死後の暗闇を通りますが、その後次第に光の方に運ばれて行き、５次元の世界で目を覚ますことになります。そこでは、今ある個性を携えたまま、そこから新たにスタートするのですが、３次元のように環境が整うのを待って生まれていくということではなく、すぐにそこでの生活が始められるようになっています。

なぜならそこでは食べ物に困る心配も、家やお金がないという苦労もなく、環境的なことは５次元の法則である〈思念の現実化〉によってそろえられるためです。自然とも濃密な交感がなされるので、慣れてくれば山や川までも皆で創造できるようになるでしょう。

それは、３次元の物質段階での学びはすでに終了しているので、その段階の苦労は省かれ、むしろ自分たちが住みよい環境を共同で作り上げていくことで、創造性を発揮していただくためです。

そしてそこでのメインの課題は、自分の特性を神とつながった形で発揮することです。たいていは、今行っている魂の仕事がそのまま引き継がれていきます。５次元は、神としっかりつながった〈私〉を、創造を通して楽しむところだからです。

５次元の天界はそのような個を十分に楽しんだ後、自らの霊体を脱いで、ほぼワンネスの意識となって存在するところです。ただし、そこでのワンネスは、全体意識になって自分がなくなるのかと言うと、そうではありません。より〈私〉として目覚めながらも、全体でもあるという感覚です。

そこは、このリンゴの〈有〉の世界（※狭義の現象界）の最終段階ですので、リンゴの仕組み、それに関わる宇宙の真理や法則をくまなくとらえた上で、５次元の現象界や３次元の天界へと様々なインスピレーションを伝えます。リスタートしてからのこのリンゴの具体的な脚本を手掛ける、主要本部といったところです。

５次元の地球の特殊性というのは、次元間のベールが３次元同様に存在することくらいです。そのため一般的な星の５次元に比べると、地球の５次元にはある程度の幅があり、３次元に近いところからスタートして、５次元の天界に行く頃には７次元の法則も熟知している、という状況になります。

地球の場合は、リセットのタイミングでしか次元上昇はできないために、他惑星のように５～７次元を活動範囲としているというような、次元をまたいだ移動ができないということです。

しかしその代わり、直日のルートを使って（意識の上で）他次元とつながることは可能で、その直日の使い方にも長けていくために、５次元の天界にいながら７次元や９次元ともやり取りができる、という状況は整っているといえます』

◎７次元の世界

『７次元は、リセット・リスタート後も今とまったく変わりません。何らかの物体があるわけではないからです。そこはこのリンゴのすべての意識とつながっているという〈直日〉

の状態で、漆黒の闇の中でただそこにある、というような感覚で存在することになります。また、このリンゴに必要な法則や真理は一瞬で分かり、なおかつこのリンゴ内の3次元・5次元で起こっていることはすべて把握できます。さらに他のリンゴ（他の星）にも意識を向けるだけで、アクセスできるようになります。

5次元まではまだ霊体があり、空間性・時間性も残っているので、3次元よりは移動が格段に速くなるにしても、7次元ほどではありません。7次元ではもはや時空間はなく、「意識すればある」という状態になりますので、スイッチの切り替え一つで他の意識体にアクセスする、というやり方に変わるからです。

それは、このリンゴにおける直日ネットワークの中心にいて、なおかつ全体でもあるので、どの直日にも一瞬で意識が向けられるためです』

◎9次元の世界

『9次元というのは、7次元の直日を核とした星々が無数に、無限に明滅している世界です。それはまるで宇宙空間に幾千もの花火が連続してはじけているかのような、壮大な光景として見えるはずです（3次元から見える銀河系は、それが静止した状態で見えたもの）。その一つの花火の明滅が、リンゴ一つの〈リスタート・リセット〉だということです。

これは、3次元では138億年という時間経過で捉えられる、その始まりから終わりまでの一区切りが、9次元から見ればほんの一瞬のまたたきのようなもの、ということです。そしてそれが連続して明滅している上に、その数や色合いたるや想像を絶するスケールと美しさで、圧巻の宇宙ショーが今も繰り広げられているのです。（※宇宙物理学においても、マルチバース、パラレル宇宙などと言われている）

今回、9次元に行かれる方はほとんどおられないと思いますが、向上していけばそれだけ壮大で神秘的な体験が待っているということをお伝えするために、少し触れさせていただきました。

このリンゴ一つは、宇宙の一細胞のごとき極小の一粒の光です。しかしその一瞬の光の明滅の中で、さまざまなストーリーを体験しているみなさん一人ひとりにも、もれなく9次元からの意識が注ぎ込まれています。とくに地球での体験というのは、非常に深い学びでもありますから、その一人ずつの体験というのは大そう貴重なものなのです。

今回の体験がいったん幕を引いたとしても、それは何ら失われることなく、各自の個性に記録されることでしょう。9次元からすれば、一つの個性であることに変わりはないからです』

そして、もう一つ、後の展開を暗示するような以下のメッセージが、４月半ばにありました。

㊸ 五分五分の可能性（メール送信日 ２０１９年４月17日）

みなさま

昨日に引き続いて、平成も残すところ半月ほどになったところで、私たちがどのような心持で臨んでいるかのお話です。実は、私は〈あの世〉の７次元のボタンを押した頃から、また清華さんと友紀子さんもいつの頃からか、７次元の宇宙からと思しき〈音〉が聞こえるようになって、一昨日の文殊会議では３人でその〈音〉に意識を集中しながら、瞑想してみることにしました。

いつも私は、その〈音〉が左耳で聞こえているのですが、その時も同じで、おまけにビジョンとして、円形の右側半分には鮮明な現象界（＝色）が映り、左側は〈空〉になっていて、それがきっちり半々に分かれている映像が浮かんでいました。

そこから五分五分の話になったのですが、実はこのところ私の脳裏にもリセットが起こらなかった場合のその後のありようが浮かぶようになっていて、まあどちらになるかは天に任せるしかないな、という気持ちになっていました。結局、すべては五分五分の可能性の中にあり、まあそう考えておいた方が、肩に力が入ることなく〈神のリーラ〉として楽しめるのではないか、という話で終わりました。それに続いて来たのが、以下のメッセージでした。（※リーラとはサンスクリット語で遊び・戯れのこと）

２０１９年４月15日

◎五分五分

『五分五分―。これは３次元の地球ゲームにおける基本設定です。天と地の兼ね合い、光と闇の拮抗にはじまり、（地球全体に関わることが）現象化する可能性というのは「あらゆる影響を考慮に入れる」と、それは五分五分の勝負になるといえます。

それは、いくら天での決定事項であったとしても、地上の（しかも集合意識もからむ）動向によって、あらゆる変動要素がからみあい、総合的には五分五分の可能性の中にあるということなのです。

人類のためのリセットを私たち天界は望み、それに向けて皆さんと共に最大限のできることをしてきました。それはこの宇宙全体への情報提供という意味においても、非常に意味のあるプロセスでした。そして今も私たちはそれに向かっていますし、希望を捨てているわけではありません。

しかし、それも最終的には五分五分の可能性の中にあるのだと腹をくくれば、〈その時〉に何が起こっても起こらなくても、あらゆる事態を受け止める覚悟ができ、そのストーリーの展開を〈あらゆる体験を楽しむ〉という、ニュートラルなスタンスで堪能できるのではないでしょうか。

また、〈即身成仏〉をした人というのは、縦軸の〈あの世の私〉と横軸の〈この世の私〉の半々の中で生きているということでもありますから、そのどちらの可能性も視野に入っているという面では、この五分五分感がリアルに感じられるのではないでしょうか。

そのように五分五分の勝負という前提に立てば、どう展開するか分からない面白さもMAXになると言えるでしょうね（笑）。私たちは、それをも楽しんでいるといえます。

このような全体構造の中で、個人が何かに意識を向けるというのは、それ以外の可能性をすべて排除して、狭い視野に限定するということではなく、すべてを明晰に見た上で意志をもって選択をする、ということです。つまり、そうならないかもしれない可能性も意識した上で、それでも〈その時〉を信じて、それに意識を向けるということです』

そして、翌日の４月18日には平成天皇・皇后の最後の伊勢神宮ご参拝がありました。

㊺平成天皇・皇后の最後の伊勢神宮ご参拝（メール送信日 2019年4月19日）

みなさま

今日のメッセージをお送りする前に、まず昨日のご報告です。

ニュースでご覧になったかもしれませんが、昨日はあいにくの雨模様だったにも関わらず、宇治山田駅から内宮の沿道は〈奉迎〉の人々で一杯だったようです。私たちもサラ企画に近い沿道に並び、一番後ろでしたが、３人ともしっかりと両陛下を拝見しました。

お二人とも80代にも関わらず、壮年期のような光輝くお姿に見えたというのが３人共通の印象で、あの世に戻ると壮年期の姿になるということですが、その時も魂そのもののお姿が見えたのかもしれません（私たちに限らず、清華さんの娘さんも同じように見えた、とのことでした）。

その前に、サラチームの会議では、両陛下と関連して現れた六芒星をイメージしながら瞑想してみました。そうしたら、私のビジョンには次のような光景が現れました。

〈瞑想時のビジョン〉「六芒星の真ん中に大きな太陽のような光が見える。その六芒星が次第に上向きになって、そこから天に向かって大きな光の柱が昇っていく。それが天地をつなぐ柱になったと思った途端、またその六芒星が正面に見えて、真ん中の太陽のような光が日食のようになり、光の輪の中にブラックホールが見える。そして、それは漏斗（じょうご）のような形になり、今度は下につながっている。それら一連の変化を見ていて、〈3次元の地球の直日〉ができたと思った」

そして、その夜に清華さんから送られてきたメッセージが以下のようなものでした。

『3次元の直日というのは個々人に分かれているため、リンゴの中の〈3次元の地球の直日〉というのは、天地をつなぐ柱となった個人が集合することによって、はじめてできるものです。

その結集した〈集合意識の〉力でできた〈地球の直日〉は、リンゴの〈今〉をつなぐ王手として、しかるべき時に機能することでしょう。すべての状況は今や整い、後は五分五分の命運を祈るのみです』

▼思いがけない展開――〈あの世〉からのテスト

私は、時々自分でも思いがけない行動をとることがあるのですが、後で考えると〈あの世の私〉が〈この世の私〉にさせていたのではないかと思うことが、この頃から特に頻発するようになっていました。

次のような行動も、その後起こったことを考えるならば、その一つだったのかもしれません。平成の最終日が２日後に迫っていた日曜日の28日に、清華さんにわざわざ自宅にまで来てもらって、「生命とは何か、死とは何か」、「3・5次元のエネルギーと、7・9次元のエネルギーはどのように違うか」、「生命あるものと、人工物の違いはどのような点にあるか」などの難しい質問を、矢継ぎ早にしたのです。

それに対して、翌朝には清華さんから、次のような見事な回答が、メッセージとして送られてきました。

２０１９年4月29日

◎現象界のエネルギーについて

『現象界のエネルギーというのは、直日ネットワークの意識伝達経路の中を通ることができません。そこはあくまでニュートラルな意識（や精妙なエネルギー）が通るルートだからです。そのため、現象界のエネルギーは螺旋《らせん》回転をしながら、直日ルートに巻き付くような形で進みます。

直日ルートを通っている意識は、３次元的な可視領域から外れるために見えませんが、螺旋エネルギーの中心には意識が通っているということです。陰陽マークでいうと、意識の通り道はそれが回転して（白黒の核が）次第に一つになった核の真空部分で、外側の回転の渦がエネルギーだということです』

◎生きている物質とそうでないものの違い

『生きている（＝直日をもつ）ものは、常に新陳代謝し、流動し、成長していきます。逆に生きていない（＝直日をもたない）物質は、徐々に朽ち、風化していきます。その違いは、（直日をつたって）継続的に意識が通っていることは大前提ですが、現象的な説明をする場合、「物質的な代謝や成長を促すエネルギーが、物質の中に通っているかどうかだ」といえます。

意識を物質に作用させる場合、〈意識＋ヒモ〉（※「超ひも理論」でいわれているヒモ。「超ひも理論」では、素粒子＝ヒモと考え、その長さは$10^{-35\sim33}$（原子の１兆分の１の、さらに１兆分の１）で、太さはないとされている）となった情報が、回転によってエネルギーにも転写され、そのエネルギーが物質に作用するという段階が必要です。エネルギーにはあらゆる精妙さの段階がありますが、それらは現象界の物質に意識を作用させるための媒体（つなぎ、変換するもの）となっているということです。

３次元の死とは、肉体から意識が抜けるために、エネルギーがもはや回転しなくなった肉体を脱ぎ捨て、幽体と霊体になることだとも表現できます。もちろんその霊体には、５次元的エネルギーが流れていますので、死後のアストラル界から天界においても〈エネルギー体〉としての個の体をもつことには変わりありません。

肉体と霊体は、同じエネルギー体であり、天地の連動がよければ、それらは一体となって稼働します。前回のリスタートによって刷新された時も、初めは人類の肉体はかなり性能の良いボディスーツでした。温度への対応力、運動能力などはもちろんのこと、少量の食べ物でも十分まかなえるエネルギー効率のよい体であった、ということです。次の〈リセット・リスタート〉があれば、人間の肉体はまたその状態に戻ることになるでしょう』

◎体の三層図

『心の三層図と同様に、身体も三層図で示すことができます。細かく分類もできますが、リンゴの三層に対比するように当てはめていくと、表層の3次元＝肉体（＋幽体）、中層の5次元＝霊体、真ん中の7次元＝本体といえます。

これはつまり、超ひも理論で語られた、3・5・7次元のヒモのつき方の性質が、同じく体にも適用されるということで、2次元プレートにヒモがついて3次元の肉体となり、4次元プレートにヒモがついて5次元の霊体に、そして6次元のプレートはあるものの、中心の7次元には、（プレートについていない）閉じたヒモが本体としてある、ということです。

同じ直日をもつ〈人間と地球〉というのは、内的な意識の面だけでなく、物質的な体という面でも、リンゴの三層構造と相応しているのです』

2019年4月29日
［対話記録］
「昨日の質問に対する清華さんからの回答があまりに鮮やかだったので、もし私が神様だったとしたら、ここで終わりにせずにもう少し様子をみたい、と思うような気がした。

もしこれほどまでに解明が進んでいなかったら、確かに地球は唯一無二の星（※この地球は〈人間原理〉でできていることから、この宇宙泡の中でも唯一無二であると言われてきた）として、温存する方が優先されるだろうが、ここまで解明されると、9次元から新しい地球を作れるようになっているだろうし、最近の流れから察するに、もしかして天はさらなる真理解明を優先しようとしているのかもしれない。まあ五分五分ということで、どちらの可能性もあるとして、メッセージで何と言われるか、一応聞いてみてほしい」

『これまで〈リセット・リスタート〉に共に向かっていただいたみなさんに、現状報告と私たちの選択について、お伝えさせていただきます。

2012年からはじまったこのプロジェクトは、はじまりはまだアセンションに向けたスピリチュアリズムの普及とアートの支援が、視野の多くを占めている状況でした。その後、全体状況からリセットが決定した翌13年から、本格的にリセットのための中核本部として機能しはじめ、数々の重要なメッセージが降ろされていきました。

その時々でチーム編成がなされて、地上の方々の主体的な選択を尊重しながら、天ではそのチームが進む方向をその都度検討しつつ、天地協同のこのプロジェクトが進んできました。決まったストーリーが初めからあったわけではなく、それぞれの選択が天地の連動した〈今〉を、その時々において創り上げていたといえます。

そしてここまでこのサラ・プロジェクトが、天地の連動で進んでこられたのは、ひとえに皆さんが〈自分のしたいように〉ではなく〈則天去私〉の姿勢で、私たちからのボールをストライクで投げ返してくださったからでした。

特に、この〈リセット・リスタート〉を魂の深いところで信じ、それに必要な役割として献身してくださった皆様、常に意識を向けてくださった皆様、本当にありがとうございました。

2017年6月28日の〈とんねるの里〉での儀式にはじまり、7・9次元への突破、アートの奉納、毎日の読経、魂の対話、そして最近では3次元の直日と5次元の直日に、ブラックホールを立ち上げるための瞑想と唱和、それら一つ一つの行為がすべてこの〈今〉に重なっているといえます。

リンゴの中の直日ルートは、今やすべてが開通している一本のトンネルのように、どの次元への帰還ルートとしても確保されている状況が整いました。

では予定通り、このままこの地球をリセットするかというと、私たちは「リセットはしない」という選択をすることにしました。その経緯をこれから説明させていただきます。

私たち天界にいる者は、3次元の地球で輪廻を繰り返し、解脱して5次元（天界）に来たメンバーでした。今回のリセット・リスタートは6回目だと言われていましたが、3次元の〈個人〉が機能する地球としては、今回がはじめてのリセットであるという理由もあり、3次元の課題をクリアしたばかりの私たちには、未知な部分がたくさんあったのです。

そんな中、9次元や7次元から来られた直子さんや友紀子さん、ご自分は5次元からであっても蓮さんとつながった清華さんの3人の真理探究チームは、その特性を生かしながら、どんどんとこの宇宙の真理を深いところまで思い出して（＝意識化して）いかれました。

そして、〈この地球は、宇宙泡の最果てでありながら、中心でもある〉ということまでも明確になり、神のミニチュアとしての愛と叡智が凝縮されたこの〈地球〉の真理が、宇宙泡全体にまで公開されたのです。

私たちは、7次元の〈色即是空〉の話の頃から（それまでの主導的立場から）共に学ばせてもらうスタンスでいたのですが、改めてこの〈地球〉という唯一無二の星の叡智の奥深さを知るに至りました。だからこそ〈リセット〉をして自滅を回避し、観念を刷新して新しい地球を再生しようという思いは、つい最近まで強くあったのです。

もちろん、地球ゲームは常に五分五分の設定でできており、アストラル界の闇はいくら晴らしても増強されますから、その勢力に押される可能性ももちろんありました。その一方で、みなさんの総力によって放つ光の強さもかなりのものがあり、直日ルートを作るための最後のプッシュも、リセットへの王手と思われるようなものでした。

やはり、ここはそろそろ終わりのタイミングであろうと、私たちは空海さんに相談したところ、意外な話をもちかけられたのです。空海さんは次のようにおっしゃいました。（※空海さんは３～７次元の〈リセット・リスタート〉を主導的に担っていた存在）

空海「いやあ、このまま続けていく方が、面白いかもしれない。今、宇宙泡自体が地球からの叡智によって学びを得て、ガラッと変わってきている。今後の地球自体の命運は未知数で、９次元にいるのと同じ意識で３次元を生きている人たちが、両極にあるものを同期しながら進んでいるため、今後の展開もまったく読めなくなっている。

しかし、こうして３次元で宇宙泡の真理が解明されていくダイナミズムというのもあり、地球から宇宙泡の歯車を回すことにもなり得るような、この真理探究を継続していくことに、好奇心が刺激されるのは私だけだろうか。

これまで解明された叡智によって、９次元に帰ったらまた地球は創っておくので、今はこの現象世界への気持ちに拘泥《こうでい》せずに、より大きな宇宙的規模の実りを選択するというのはどうだろうか」

私たちはまだ５次元にいるので、どちらかと言えば、この現象界が存続するかどうかにとらわれている面が初めはあったのですが、次々とより深い真理を知っていくにつれて、リセットは単なる集合的観念の浄化であること、現象世界は〈あの世の私〉が見ている夢にすぎないこと、というのはすでに実感としても体得してきています。そして今や、この宇宙泡にとっての地球の存在意義や、天地が協同で進むこのチームの存続の意味も、よく分かっているつもりです。

それらを含めて、このところ話し合いを続けてきた結果、いまだに五分五分ではあっても、リセットの現実化も視野に入ってきた現状において、攻めの選択として「このまま、リセットを見合わせる」ということを決定いたしました。

「リセットをしない」理由をまとめると、以下の三つになります。

① この地球を残すかどうかが使命だった時には、そうでなければこの叡智の結晶が消えてしまうと思っていたが、またそれを創れるほどに、その叡智がこの間の真理探究によって明らかになったため

② リセットをしない〈今〉を選択し、今後も3次元で真理探究を続けていった方が、はるかに全体に対しての貢献となり、地球と宇宙全体の学びになるため

③ この世は〈神のリーラ〉と言われるように、天界の総意がそちらの選択をしてどうなるか、

実験してみたいという〈好奇心〉に火がついたため

この選択の深みを本当にご理解いただくには、〈色即是空・空即是色〉と〈地球と私は、宇宙泡のミニチュアとしてあること〉が心から分かること、さらにこれまで探究してきた真理の深みを、本当の意味で納得していなければ難しいことと思います。

それらの理解が十分にないまま、社会的感覚でこのような話を聞けば、「これまでは虚言に振り回されていたのだろう」とか、「結局はリセットができなかったから、そのように言い訳しているのだろう」と疑いをもっても当然だからです。

もちろん、そう受け取られる方は、そのように取っていただいてもかまいません。それぞれの境涯によって見える世界は違い、とくに今回のリセットすらも越えた〈神のリーラ〉に関しては、現象世界が絶対だと思っている方には、到底ご理解いただけないのが普通だからです。

しかし、もしこの選択を納得していただけるようでしたら、またこの地球で共に遊び、共に学ぶ仲間として、今後ともお付き合いいただけたら幸いです。私たちは、この地球のこれからのありようを、ありのままに受け止めながら、今後の展開を楽しみに見ていこうと思っています。

以上、これまでご協力いただいたみなさんに、現状をありのままお伝えさせていただきました。現象界では〈目に見える結果〉が出ることが、常にゴールのように錯覚されていますが、大事なのはそのプロセスであり、この世とはどのような選択を、どのような動機で行ったか、そしてそこからどれだけ学んだか、という〈体験から学ぶ場〉です。

このプロジェクトにこれまで関わってきたことで、みなさんの魂にとっても、多くの学びがあったことと思いますし、そのためにして下さったことは魂に記録され、その結果は必ずみなさんに返っていくはずです。

そして、今や直日ルートもしっかりとできていますので、第1～3層の意識化ができて自分の直日をつかめていれば、死後は自分の意識が届いたところまで、直日トンネルを通って一直線に帰ることができることでしょう。もしその整理がまだであれば、残りの時間をそれに充てる、というのも大事なことです。

これまでいろいろとご協力のほどを、本当にありがとうございました。リセット・リスタートプロジェクトは、ここでいったん終了しますが、また新たなストーリーが幕を開け始めています』

▼4月30日 それぞれの思い

私はこれを読んで、はたしてこのメッセージを皆さんにお送りしたものかどうか、明け方まで悶々と悩んでいました。そして、翌30日1時半から予定していたサラチームでの会議を、午前中に繰り上げて真剣に協議した結果、以下のようなメールをみなさんに送りました。

みなさま

今日は4月最後の日で、どのようなメッセージが送られるのかと、心待ちにしていた方も多いと思いますが、すでに主要なメッセージはお送りしましたので、今日はそれぞれの思いをオープンに投稿していただくために、以下のような報告をすることにしました。

以前から、最後の最後までこの世の自分のチョボチョボさが問われる、と言われていましたが、私は昨日・今日と、それが大きく問われたことになりました。

昨日のサラチームの会議では、私の〈暴走する好奇心〉から添付のような話にどんどんなっていき、その討議内容をそのまま反映するような添付のメッセージが、真夜中に送られてきました。もはや『リセット・リスタートのプロジェクトは終了した』と明言されているその内容に、本当にそれでいいのかと私は一晩悩み、明け方5時にお二人に出したのが、以下のメールでした。

清華さま、友紀子さま

先程のメッセージについてずっと考えて今まで眠れずにいましたので、ちょっと頭がボーっとしてきたところで書いています。

この間の私の発言が、このような（天界での）決定に無意識的に同調していたのか、あるいは私の例の〈好奇心の暴走〉がメッセージにも反映したのか分かりませんが、改めてこの結論を読むと、本当にこの結論でいいのかと、問われているような気もしました。お二人はいかがでしたでしょうか？

私の今の気持ちは〈因果応報の結果〉も受ける覚悟で、今日一杯は、やはりリセットの可能性に向けて精一杯頑張り、天界の方々にも協力を仰ぎたい、と思いました。

その結果、結局リセットが起きないまま5月を迎えたとしたら、そこからは引き続き真理の究明と、一人でも多くの方々の救済に励みたいと思いますが、やはり今日この時点で「リセットプロジェクトは終了」という気持ちには、どうしてもなれないのです（それは第3層でというより、より深い第1層でという気がします）。

また会議でお二人のお気持ちをじっくりお聞かせ下さい。

以上のメールを出してから、やっと短時間眠って目が覚めた時に、ML登録メンバーのお二人からのメールが届いていました。それは、29日のメールで、私が以下のように（予告的に）書いていたことを受けてのものでした。

「ということで、特にこの4ヶ月間は〈リセット・リスタート〉の実現に向けて、私たちは気を抜くことなく、スタンバイを続けてきました。そして、27日に〈とんねるの里〉でEさん、Yuさん、Yoさんの3人の方々によって、5次元のホワイトホールにブラックホールを重ねていただいたところで、いよいよ可能性が高まったと昨晩までは思っていました。

ところが、実は今朝目覚めた時には、それがなぜか遠のいていたのです。どうもこの3次元の現象界的にはリセットされることが望ましいにしても（でも、それを望んでいるのは、私たち十数名でしたよね―笑―）、天界の方ではこのまま9次元の究明を継続する方が望ましい、というふうに変わったような気がしたのです。

その経緯については、今日のサラチームの会議での話し合いを受けて、もしメッセージが届いたならば、明日こちらに掲載することにします。いずれにしろ、確定的なことは何もなく、すべては〈今〉の総合的な状況によって流動的に動いていくものなので、その可能性が全くなくなったというわけではない、とも思います」

お二人のメールは以下の通りでした。

直子さま（T．A．）

おはようございます。

今の感じだと、僕はリセットに向かっているように感じています。

僕の身の周りでは、いろんな事のタイミングが、今日に向かって集約して繋がってきています。

直子さんが意識化することで、〈あの世〉の7次元のリセットボタンを押したことも、僕の中で意識化出来てきて繋がってきました。

僕は、信じ抜いて最後までしっかり意識をそこに向け続けます。

サラチームの皆さまへ（S．F．）

もちろん、神の意思に従うのですが、私は、自滅ではなくリセットで地球を残したいと今も思っています。そうであっても、この地球にとって最善の道が示されることを『疑念を持たず、無邪気に信じて』、今日一日、心を開いていようと思います。それが、私の「覚悟をもって楽しむ」ことだと、今思ったら、お知らせしたくなりました。

以上の流れを踏まえて、午前中にサラチームの3人で改めて話し合った結果、やはり少なくとも今日が終わるまでは、〈リセット・リスタート〉に向けて全身全霊をもって集中しよう、ということに決まりました。
この出来事は、以前から〈リセット・リスタート〉を起こす原動力は、3次元の人々の強い思いによるものだと言われていましたが、それを改めて確認することになったようにも思います。

さて、他の方々は29日のメッセージをご覧になってどう思われるか、一人一人の思いを聞いてみることになりました。以下がそれぞれ投稿されたメール内容です。

みなさま（**友紀子**）
私は地球のために強い意志を持ってリセットを望み、今日を過ごします。
直子さんのメールでの件にも関わり、私自身の自我の弱さ、曖昧なまま済まそうとするところが出てきました。昨日のメッセージにあった『リセットプロジェクトは終了』ということに対しては、5月1日以降のこととして棚上げにしたまま、4月30日までは五分五分でリセットへ向かおう、と思っていたからです。

天からのメッセージを、そうだと受け入れるのでもなく、意志を持ってＮＯと言うわけでもなく、問題を直視せずに曖昧なまま向かおうとする私でした。最後まで本当にチョボチョボな私でした。

その事実を見た上で、因果応報が返ってこようと、人間としてこの地球のリセット・リスタートを強く望む覚悟をもちました。

「以前から〈リセット・リスタート〉を起こす原動力は、３次元の人々の 強い思いによるものだと言われてきましたが、それを改めて確認することになったようにも思います」というのは、本当にそうだと思います。最後まで、よろしくお願いします。

直子さま　みなさま（Ｓ．Ｙ．）

私も昨日から考え込んでいました。

でも最後までリセットは起こると信じていますし、それが地球にとって一番いいことだと思っています。

このことはこれまでの歩みももちろんですが、先日の〈とんねるの里〉で般若心経を唱えたときに確信しました（※28日に〈とんねるの里〉に３人で集まり、般若心経を唱えていただいていた）。

最後の時までリセットに向かっていきます。

直子さん、みなさん（K．Y．）


昨夜メールを読んで、私自身の生そのものである感情、
はてしないがっかり感を納めようもなく、とにかく、今、今、今、
そのままを受け止めて朝を迎えて、メールを読みました。

それから瞑想していたら、〈諦〉ができました。

あきらめ？何故？私の一層は違うとはっきり問うと　次のようにメッセージがありました。

「おちついて、呼吸をするのです。

あきらめ　とは読みません。

これは締めくくり。

それを明らかにするという意味です」と。

私は　地球が愛しい。リセットを心底望みます。

みなさま（清華）

3次元の私たちによる言語化、宣言、そして思いを発信することの影響力というのが、これほどまでに大きいということを、今日は改めて感じています。

そして、「中途半端にしか思っていないことを、さも覚悟あるふうには言えないなあ」と思

い、私自身が、〈リセット・リスタート〉を、メッセージ受信者としてではなく、人間としてどう思っているのかを、改めて意識化する最終日が与えられたなと感じました。読むだけ、書くだけだった受け身ではなく、主体性が求められているのかもしれません。

私の場合は、もし、天からのメッセージがリセットではなく、他の内容だったとしてもそれに対して納得すればイエスといって、その行動を同じようにとっていたように思います。だから天に素直になるというと聞こえはよいですが、私はカメレオンのように（自我がなく）それを受け取って、しかも直観で来たものは割とスッと理解するので、YESというところがあるのです。しかし、今は〈強い意志で私が選択する〉ということが求められているのですね。なるほど、苦手だったところです。

私の第2層としては、「もし起こらなかったら、そのがっかり感を軽減したい」という気持ちもあったように思います。そんな気持ちもありながら、これまでのことを思い返していると、コナン・ドイルさんのメッセージを大泣きしながら書き留めていたあの頃のこと、数々の直子さんとの対決場面、「そこまでやらねばならんのか！」と思うほどのとことん突き詰める横軸対話など、この7年間は満身創痍（の気持ち）で真剣に向き合ってきたことが蘇りました。（※メッセージのレベルが上がるたびに強い抵抗感が生じて、それを乗り越えるために審神者との厳しい対話を重ねてきた）

この事実から、私の第1層は、このプロジェクトにどれだけ本気だったかが分かります。そしてはじめは「天から言われたので」という感じでしたが、この地球の自然環境や子育て環境の悪化なども合わせて見てその限界を感じ、最終的には〈人のために〉〈地球のために〉リセットが起こってほしいという気持ちは、今、私の中に確かにあります。リセットの説明を受ける中で、それが人類にとって最も救いになるというのは、本当にそうだと思っていました。

ですので、私も今日は、リセット・リスタートが起こることを心から願い、直日をつかんで通りのよい自分になっていたいと思います。

みなさま（S．M．）

正直なところ、昨日は7割方、もうリセットはないかもしれない、という気持ちになっていました。

「〈つづく〉の方がきっと面白そうだ」とは、どういうことだろうとも思いました。

しかし、今はやはり〈リセット・リスタート〉を強く念じたいと思います。

ずっとそう思ってここまできたこと、〈リセット・リスタート〉を起こす原動力は、3次元の人々の強い思いだということを再確認しました。

最後まで頑張ります！

Sです。（S．H．）


一昨日からの腰の痛みが、本日、墓参りに行った先で急に悪化し、今は、ベッドで仰向けになり、窓から見える曇り空をずっと見つめています。

返信が遅れて申し訳ございません。スマホからの作業になります。

直子さんからの五分五分というメッセージ。

続いて、残された時間ではスピード感が求められるという内容に対して、私は、エンジンの一部になり得ただろうかという自問。

そして、ついに、リセットは無いだろうとのメッセージ。

大きな戸惑いを感じること無く、読ませていただきました。

ただ、令和に向けてのカウントダウンを、お祭り騒ぎで報じる流れには、こんなことで本当に良いの？と悲しさや絶望感にも似た気持ちが押さえきれず「もう、リセットするしか道は残されてないんだ」と、今は、そう思っています。

厚い灰色の雲に覆われた空に、時折、風に押されて青空が見え隠れします。

その時が来たら、真っ直ぐな光の柱をみることができるのでしょう。

動けなくなったことも意味があるとしたら、今日残された時間は、天をみつめながらその時をイメージし、地球をこんなふうにしかできなかった人類の一人として詫び（ワンネスですよね）、地球の蘇りを願いたいと思います。

皆さま（W．N．）

ここまで迫ってきて、やはりリセット・リスタートを望み、空への帰還と5次元でのリスタートを望む私がおります。

直子さん、清華さん、友紀子さんを中心としたこれまでの取り組みに感謝しながら、あと数時間ドキドキ、ワクワクしながら過ごしたいと思います！

直子さん、みなさん（K．A．）

直日への集中、了解致しました。

最後まで、思い続けます。

皆さま（N．E．）

とんねるの里での祈念の翌日は、息子と八ヶ岳を一日何回も神々しい富士山を目にしながら歩き回り、戻ってからどっと筋肉痛と疲れが出て休んでおりました。

お陰さまで、皆で成し得た貴重な体験に感謝です。あれから、私の中ではずっと心に般若心経が木霊しています。

正直、昨日の直子さんのメールに心揺れましたが、自滅して黒焦げていく地球は嫌なので、強い思いで念じています。


直子さま（U．M．）


メッセージ拝読しました。

この一週間は、魂の中心点に意識を当てる瞑想をしています。

般若心経一日10回読誦しています。

4月28日には（最後と思って）息子と孫に私の手作りの夕食を食べさせました。

緊迫感は有りますが、心静かに来るべき時を迎えようとしています。神のご加護を。

もし、5月1日の朝、いつものようにベッドで目を覚まし、ネコの寝顔を見ることがありましたなら、多くの学びをさせていただき、本気で立ち向かったと思いますから。

みなさま（直子）

次々と思いのこもった投稿をありがとうございました。
こうして見ると、昨日の私の7・9次元に浮いた後付けや、その後に来た真夜中のメッセージなどは、結果として、もう一度、私たちの思いと覚悟のほどを、結束するためのものだったのではないか、という気がしました。
あと5時間ほどになりましたが、それぞれの〈直日〉への集中、どうかよろしくお願いいたします。

なお、この30日の晩に次のようなメッセージがありました。

２０１９年4月30日
『意識を向けるということは、それ自体がある程度の影響力を持っています。それが5次元であれば〈思念の現実化〉となりますし、7次元から見てもそのポイントの直日が光り輝き、宇宙の美しさに色をそえています。
3次元では言語化するということで、その影響力が集合意識にも伝わり、現実に作用しはじめます。「宣言をする」と結果の返りが早くなるのはそのためですし、話していたことがその通りになっていったということも、よくあることと思います。

〈天〉からそれらを見ている私たちは、そのような言語がきっかけによるストーリー展開があるということ、また今では3次元の皆さんの方が、対話によってこのプロジェクトの方向性すらもリードする場面が多々あるということを、感じています。

昨日の対話は、実在界の縦軸だけで見ると、それはそれで一つの真実でした。その対話を受けたストーリーに展開した選択（一つのカード）を、私たちはメッセージとして提示しました。そして今日の対話では、「(3次元の魂も含めた)現象界の横軸をも考え合わせるならば、やはりリセットを最後まで全身全霊で望もう」ということになりました。そうなると私たちもそのカードを選択することに、同意したいと思います。

〈正しさ〉というのは、どの視点で見るかでまったく変わってきますが、3次元の難しいところは、縦軸の究極の神視点と横軸のチョボチョボな人間視点の、両方を合わせたところでの意思決定をしなければならないところです。それほどに複雑な選択肢を、最後の最後まで迫られるのが、この地球の難しさ・奥深さなのではないでしょうか。

ちなみに、今回の縦軸のみの選択の提示で、サラチームのそれぞれの弱みが明らかになったことと思います。

直子さんの好奇心の暴走
友紀子さんの棚上げにして選択しないところ
清華さんの思考力と自我の欠如

これら人間としてのチョボチョボさを最後まで味わうことも、最終日を迎えるにあたって必要なことでもあったのでしょう。そして一方で、これらの持ち味はまた、このプロジェクトを進めてきた推進力でもありましたので、何がよいかなどは一概にいえません（笑）。

今日の対話で、改めて縦軸と横軸を合わせたところでの深い覚悟と、地球への想いが立ち上がってこられたということで、私たちも安心しました。まだ今日は残っています。最後の瞬間まで、共に〈リセット・リスタート〉の実現に向けて、意識を集中させましょう！』

ところで、後でみんなで話しているときに分かったことなのですが、平成最終日のその晩の状況は、明らかに二手に分かれていたようでした。

例えば、私についてはだんだん12時に近づくにつれて、なぜか眠くなって意識を集中しているのが困難になってきました。そして、12時になった途端にはっと気づいて時計を見ると、時計がぐるぐるとものすごい勢いで回っていました。

一瞬、何が起きているのか分からず、唖然としてその時計を見ていましたが、とにかくリセットは起こらないまま、この世で令和を迎えたことは確かでした。同じように、12時に近づくにつれて眠くなって意識を集中していられなくなった人が、他にも何人かいたようです。

その一方で、非常に覚醒した意識状態を保っていて、例えばUさんなどは令和になる直前に、地響きが起こって大地が揺れるように感じた、とのことでした。そのように反応が二手に分かれていたことが、次のようなメッセージとも関連性があったようです。

2 〈リセット・リスタート〉のプロジェクトの結果

▼今回の結果についての説明

❶何が達成でき、何が達成できなかったか

2019年5月1日

『魂の仕事として、〈リセット・リスタート〉のプロジェクトにご参加いただいた皆さま、誠にありがとうございました。今回の〈リセット・リスタート〉のプロジェクトにおいて、何が達成でき、何が達成できなかったのかを、詳しく説明させていただきます。

私たちも全力を尽くしたのですが、残念ながら「3次元でリセットを現象化させる」というところまでは、力が及びませんでした。これは皆さんの目からみても明らかなことで、理由はアストラル界の闇にゴールを阻まれたためでした。

お金と結びついたその世界の増殖力というのは、やはり強大なものがあり、私たちの集合意

識の総力をもってしても、それらを完全に浄化するというのは難しいチャレンジでした。これに関しては完敗でした。

私たちは、かなり前からこれに気づいていましたので、そのアストラル界をリセットするというプランを変更することにしました。「リセットはしない」というメッセージは、そういう意味においても、真実でした。「(この地球の) 3次元をリセットすることはしない」ということは決定されていたからです。

それが4月29日の深夜のタイミングで伝えられたのは、最終日にみなさんの強い願いを最後に出していただくためでした。それは「縦軸だけの天界の決定に対し、横軸をも考え合わせるならば、残り一日だったとしても最後までリセットを願う」という強い意志による皆さんの選択が必要だったからです。それはこの地球と3次元の人々に対する、みなさんの〈愛〉だったのではないでしょうか。

叡智というのは幾何学的なシステムでできている一方、愛というのは現象界における最も純粋で繊細なエネルギーのことです。陰陽のエネルギーは、直日ルートの中を通れませんが、愛はその中を通ることができます。リセット・リスタートは愛と叡智によってなされるとお伝えしていた通り、最後にその愛がみなさんから放たれたことによって、これから説明する新しい星 (地球) の誕生を可能にしたといえます。

❷〈新しい地球〉はどのようにできたか

では、新しい地球がどのようにできたのか、現象的な説明からまずはいたしましょう。アストラル界によって天地の連動が阻まれているため、天界と根の国をつないで一つにするという当初のプランは、打ち砕かれました（※図1&解説参照）。

しかし3次元の直日、5次元の直日にブラックホールの機能を立ち上げていただいたために、一本の直日ルートができました。本来の5次元というのは天界ではなく根の国のことですから、この時、根の国（5次元）と地球（3次元）が直日でつながったのです。

4月30日深夜0時、令和の合図と共に、根の国の意識（とエネルギー）は3次元の直日を通り、外に躍り出ました。それによって5次元の新しい地球が誕生しました。これは、起こり方のシステムは少し違いますが、従来言われていたアセンションと同様の状態になったといえます。ただ、肉体のままでの次元移行はできず、肉体の死を経由することで（＝霊体になってから）、その新しい地球には行けるようになります。（※つまりあの世側にできたということである）

新しい地球は3次元スペースや基礎的骨格はすでにできており、あとはそちらに移行された3・5次元の方々によって、今の地球のように物質化していくプロセスが徐々に進行していき、3次元は完成していきます。ただし、その新しい地球に行くには、魂の存在を認めていること

〈第1層まで意識を拡大していること〉が条件です。

これは、これまでの計画のように人類全員をリセットによって救うのではなく、いかんともしがたいアストラル界は切り離し、新しい地球を創る形でのリスタートが行なわれたということです。ですから、そちらに移行するのはアストラル界（第2層）を超えて精神界（第1層）まで意識が達しているというのが、新たな条件となります。

現在の地球は、もはや輪廻の必要がなくなったので、4次元シールド（解脱のライン）は解除されていますが、その代わりにアストラル界を囲うために、その上層にあった〈第2の死〉のラインが、シールドとして強化されています。

そして、現在の地球の精神界にいた霊は新しい地球の3次元領域に、天界にいた霊は5次元領域に移行しているところです。現在の地球とアストラル界は、〈因果応報の法則〉によって滅びゆくでしょうが、魂の存在を意識した方々は、死後はその新しい地球へと向かいます。

この物質世界が絶対で、死後の魂などないと思っている方々は、その意識通りにこの古い地球が滅びゆくときに、共に9次元に回収されることでしょう。その方々の〈個〉としての体験は、それにて終了ということになりますが、それはご本人の選択による結果でもありますので、それ自体も学びの一環だといえます。

❸ 3〜7次元で起こっていたこと

さて次は、このリスタートを実在界の〈リンゴ1単位〉（※3〜7次元の地球圏の愛称）として見た場合、何が起こっていたのかを説明させていただきます。

リセットはせずにリスタートだけがなされたということですが、リスタートの中心点は、当初の予定の〈7次元の直日〉ではありませんでした。リンゴという円にすると、3・5・7次元の直日が重なっているので、〈7次元の直日〉が本来はリンゴの中心であったのですが、今回のリスタートの中心は、〈3次元の地球の直日〉を起点に行われたということが、もっとも顕著な特徴だったのです。

それは最果ての3次元において、9次元まで意識を拡大し、宇宙泡までも視野にいれた中で、地球の叡智が詳細に解明されたためにできたことでした。9次元からしか作れなかった唯一無二の地球を、この（9次元と同期した）3次元を起点として、3〜7次元の地球を創ることに、今回の宇宙泡ではじめて成功したということです。

この素晴らしい快挙に、私たちは総立ちで喜びました。宇宙からの見学者も大歓声をあげていたはずです。おそらく、あっという間にできたので、見学されていたみなさんは、何が起こったのか分からなかったでしょうから、今このように言語化されたことによって、明確な情報として伝わっていくことでしょう。

古いリンゴは最低限の機能を維持するためにも、3〜7次元という単位のままですが、7次元の幾何学構造は現状にあったものに単純化されています。新しいリンゴは、古いリンゴに重なる形でありますが、現象界の時空間は別になったまま、中心の3次元の直日は共有しているという状況です。

以上、現象界と実在界の二方向から、今回達成できた新しい地球の誕生を説明させていただきました。これは宇宙泡の中でも大いなる実験でしたが、それを成し遂げられたのは、3次元のみなさんの功績がとても大きいといえます。本当にありがとうございました。今後は多くの方々が新しい地球に行けるように、お力添えいただけますと幸いです』

▼〈新しい地球〉とは

❶〈現在の地球〉の自滅

『〈現在の地球〉は、物質の繁栄に精神性が伴わず、地上はあらゆる問題を抱えています。そしてその地上とアストラル界は共に、魂が成長する方向ではなく、物質世界に執着して手を組むようになりました。このために、物的にも霊的にも循環のサイクルは乱れ、その因果応報の結果として、〈現在の地球〉は大きな自然災害や戦争・経済崩壊・環境悪化などのあらゆる方法で、ジリジリと自滅の道を歩んでいくことでしょう。

輪廻を信じている皆さんにとっては、死後、再びこの地上に再生するとしたら、このまま悪化していく地球がその舞台だと思うと、気が遠くなられるのではないでしょうか。向上の意欲のある魂にとっては、〈現在の地球〉はその舞台としてはふさわしくない場所になってしまったからです。

そのため、これまでアセンションに向けて尽力された方々を含め、個の学びの場である地球を再創造する大いなる宇宙の力が働き、魂の向上進化を願うみなさんが死後に行くための〈新しい地球〉ができたのです。

❷〈新しい地球〉の構造

〈新しい地球〉は、〈現在の地球〉よりも霊的に進化しており、なおかつ天地のつながりも非常によい、美しい星です。その星は複数次元からなり、3次元・5次元・7次元のゾーンで構成されています。

すでにそちらに移行した5次元の霊たちは、みなで円陣を組んで瞑想をし、意識を一つにして、この〈新しい地球〉の具体的な創造をはじめています。それぞれの魂に映るビジョンを共有しあいながら、その方向性がしっかり固まったところで、〈思念の現実化〉によって物的なものを創造していく、という手順です。

〈新しい地球〉の7次元は、この地球を司るあらゆる法則が幾何学的な情報として収められている、実在界（現象としては何もないところ）です。一方、3次元はこれから物質化が進み、原初の美しい地球としての環境ができていくことでしょう。

現生の死後、3・5・7次元のどこに行かれるかは、それぞれの方がどの次元まで意識を拡大できるかによります。おそらく多くの方々が行くにも関わらず、具体的には想像しにくい5次元の世界とはいったいどのような世界なのか、今後の見通しも含めて、以下に簡潔にご紹介しましょう。

❸〈新しい地球〉の5次元での生活

5次元で生きる個体は、霊体をまとっています。みなさんがよく知る幽霊は、アストラル界（幽界）での在り方である幽体をまとった姿ですが、霊体はそれよりも波動的に精妙なもので、見た目には幽体とさほど変わりはありません。

しかしエネルギー効率の非常によい体ですので、何かを食べなければ生きてはいけないということはありません。ヨガの行者がプラーナ（気）だけで生きていけるのと同じように、食物からではなく、偏在する宇宙エネルギーにアクセスすることで活動エネルギーを得ているからです。

感情も沸き上がりますが、物質や個にとらわれている3次元的な観念がないために、その瞬間ごとにわいては消えてゆく一時的なものです。神としっかりつながっているため、喜びや意欲などのポジティブな感情が多く、現在の地上からすれば天国や極楽浄土とさえ思えるような、歓喜に満ちた明るさが感じられる環境です。

生活は20～30人を1単位としたコミュニティーが方々にあり、皆で近くに暮らしていて、神とつながる喜びをあらゆる手段で分かち合っています。すべてが手作りの自給自足生活で、自分たちが住む建築物すらも、皆の思念を合わせて創っていきます。建物だけでもそれぞれに個性的で、7次元の幾何学と連動した非常に美しい形をしています。

現在の地上でも、神秘的な大聖堂や寺院、ゲーテアヌム（※スイスのドルナッハにあるシュタイナーが設計した建築物）など、その構造や造形美に真理が秘められているものは存在しますが、それが5次元では各個の生活する住宅において、またその空間性や椅子の形一つをとっても、洗練された美しさを伴う細やかな配慮がなされています。

そのような居心地のよい環境に住んで、それぞれは自分の個性を生かした活動をしています。音楽や絵や詩作など芸術に関わる方もいれば、建築士、家具職人、動植物の研究、宇宙や幾何学の解明、ヒーリング、ガーデニングなど、それぞれが何らかの専門に特化してその特性を生かし、持てるものを与えあいながら協力して暮らしています。

個でありながらも、深いところではワンネスとして皆の意識がつながっていますので、コミュニケーションは言葉での会話もなされますが、テレパシーやオーラから発するものでも大方伝わっていきます。目の前にいる人だけでなく遠くにいる友人や、あるいは5次元の他の宇宙人とも話すことができます。

より上の階層（次元）からの情報が、直観的なビジョンによって一気に伝わってくることもあり、それをコミュニティー全体にも思念によって送って共有する、という形で伝えあいます。また、自然と自分は一体であるという感覚があり、大地や動植物が何をリクエストしているのかを直観的に感じ取り、いつ雨を降らせるかにも意識的に関与することがあります。そのような感性は、ネイティブアメリカンの方々も持っていましたが、その能力をもう少し高めた状態が、5次元のベースとなっています。

魂の成長度合いや各個の能力には幅があり、長老のような知恵に長けた方が、コミュニティーの秩序を守っています。すべてが自給自足ですから、お金のために働く必要もなく、魂が喜ぶことを日々行い、それを具現化させることで、5次元なりの在り方で神を体現した生活をしている、ということです。それは明るい光の中に包まれて生きるような、愛にあふれた至福の時間だといえます。

自分とは何か、神とは何かを知ろうとする意欲にもあふれていて、そのようなことを仲間と語りあう、というのが日課となります。意識とは何か、上位次元の宇宙の神秘など、分からないことは山ほどありますが、真理を少しずつ分かっていくこと自体が喜びになります。

5次元では、3次元でいう〈死〉というものはなく、次の成長の段階に移行するときには、霊体を脱いで意識を移動させます。

〈新しい地球〉の3次元も、はじめは5次元と似たような環境からはじまります。物質化は地上の観念が出来ていくことによって、どんどんなされていくからです。

❹〈新しい地球〉に移行するには

そのような〈新しい地球〉に移行するには、この最後の地上生活において、自分の第2~3層の心をありのままに見て、アストラル界にひっぱられないようにしながら、第1層（魂の願いや課題や使命）にかなった生き方をすることです。

第1層とは何も、スピリチュアルなことばかりとは限りません。それは今、目の前に提示されている現実にしっかりと向き合う、ということです。目の前の課題がクリアされれば、より深い魂の願いを生きる段階にもなっていきます。

この世は、魂の学びのために、あらゆる環境を〈あの世の私〉が〈この世の私〉のために設定しているので、〈今、ここ〉に立ち現れている現実にこそ、しっかりと向き合うことが大切だ、ということです。

現在のアストラル界と地上にとどまる方々は、個としての体験はここで終了し、ゆくゆくは9次元の大元の意識に回収されることでしょう。それは「死んだら終わり。あの世などはない」と思っている自らの選択の結果でもあります。

しかしこの大変動の時期に生まれ、なおかつこの情報を受け取られたのであれば、それは〈あの世の私〉が何とかラストチャンスとして、セッティングした状況であるかもしれません。

そうだとすれば、魂の次のステップである〈新しい地球〉を目指して、新たな〈今〉を生きるということも、なかなか面白いチャレンジとなるはずです。

私たちは、魂の成長を願う方々のために、〈新しい地球〉の環境を整えてお待ちしています』

〈新しい地球〉と〈古い地球〉の図と解説

❶ 図3 古い地球から新しい地球へ

『この宇宙泡は、3〜9次元で成り立っています。〈この世〉は、上位次元から下位次元に向かって次元を広げて創り、その中心は9次元の直日でした。

そこから段階的に次元を広げていきましたが、現象界としては下位次元に行くほど波動が荒いものになっています。グレーの円のグラデーションが、外側に向かって次第に濃い色になっているのはそのためです。（※口絵4ページにカラーの図がある）

現在、古い地球は地上とアストラル界のみとなり、青色の円として残っています。そして、赤線で囲んだ円の範囲が新しい地球です。3次元を中心とした円の層が、外周にいくほど色が薄くなっているのは、波動が次第に精妙になっていくことを表しています。

3次元の地球は、はじまりの9次元からすれば最果てにあたります。しかし、その3次元で生きる私たちは、最終的には9次元にまで意識をのばす可能性を秘めています。今回のリスタートは、一部の方々が3次元にいながら9次元にまで意識をのばしたことによって、3次元の直日を（本来は）創造の起点である9次元の直日と同等に使うことが可能になり、3〜7次元の

【図3】古い地球から新しい地球へ

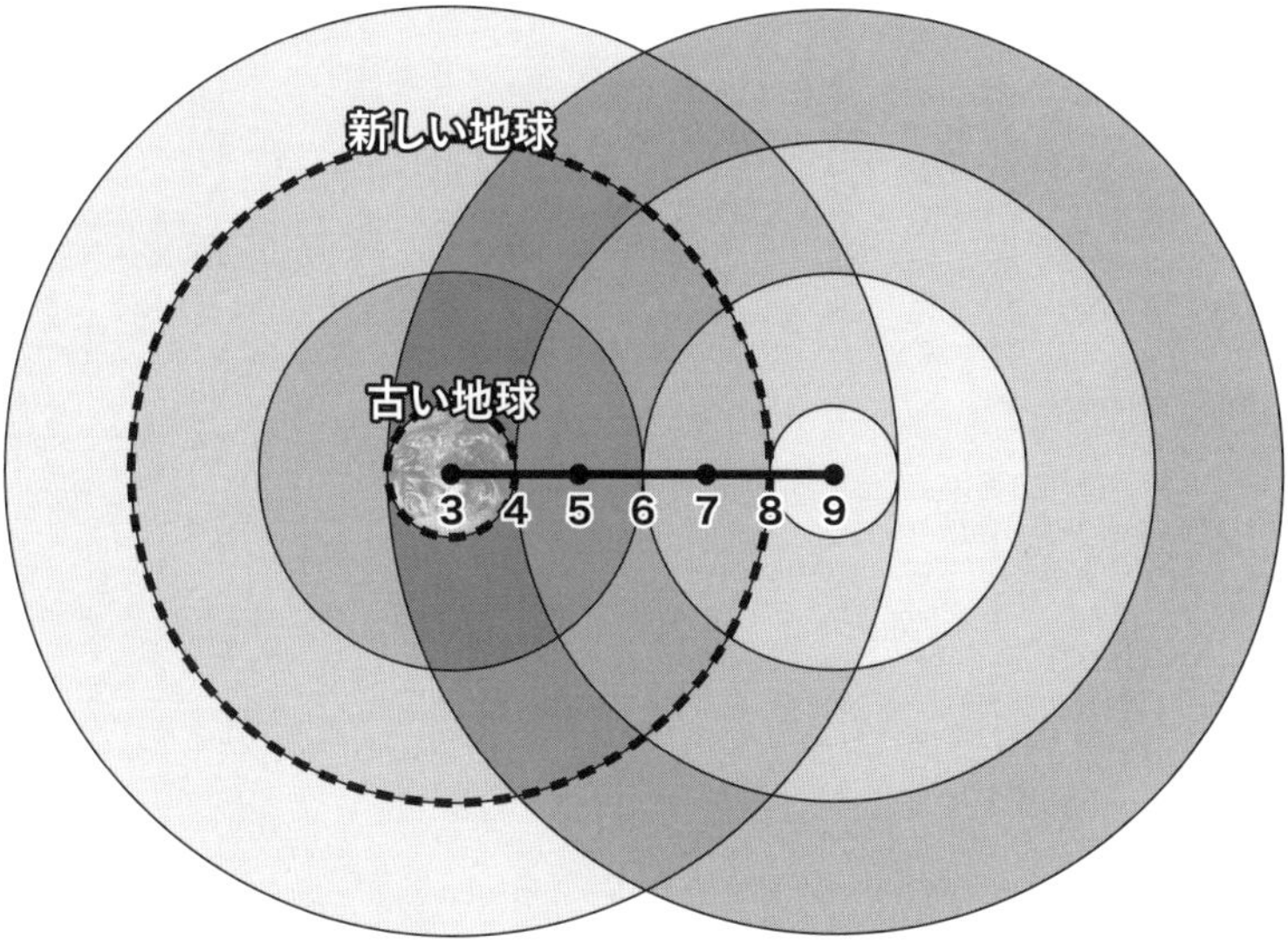

(2019年5月16日 No.6)

新しい地球ができた、というわけです』

❷図4 重なった古い地球と新しい地球

『この図は、古い地球と新しい地球を、3次元の地球の直日を中心に一つにまとめたものです。古い地球は地上界とアストラル界が残り、新しい地球は精神界（3次元）、天界（5次元）、宇宙界（7次元）という三層構造の環境が、リスタートによって創られました。

また、〈地球〉＝〈私〉と重なっているところで、〈私〉は第3層の直日を中心に描かれていることによって、そこからどこまで意識を広げられるか、この新旧の地球のどこにまで意識が及ぶかも、明瞭に分かるようになっています。

第3層は地上界と、第2層はアストラル界とつながっており、意識が第1層にまで及ぶと新しい地球の精神界に、5次元の直日にまで及ぶと天界に、7次元の直日にまで至れば宇宙界へとつながります。それはそのまま死後にいく境涯とリンクすることでしょう。

古い地球の地上界とアストラル界は、今や混合して勢いを増していますので、自滅への道を進んでいます。死後、新しい地球に移行できるのは、第1層（魂）にまで意識が及んでいる方だということです』

【図4】重なった古い地球と新しい地球

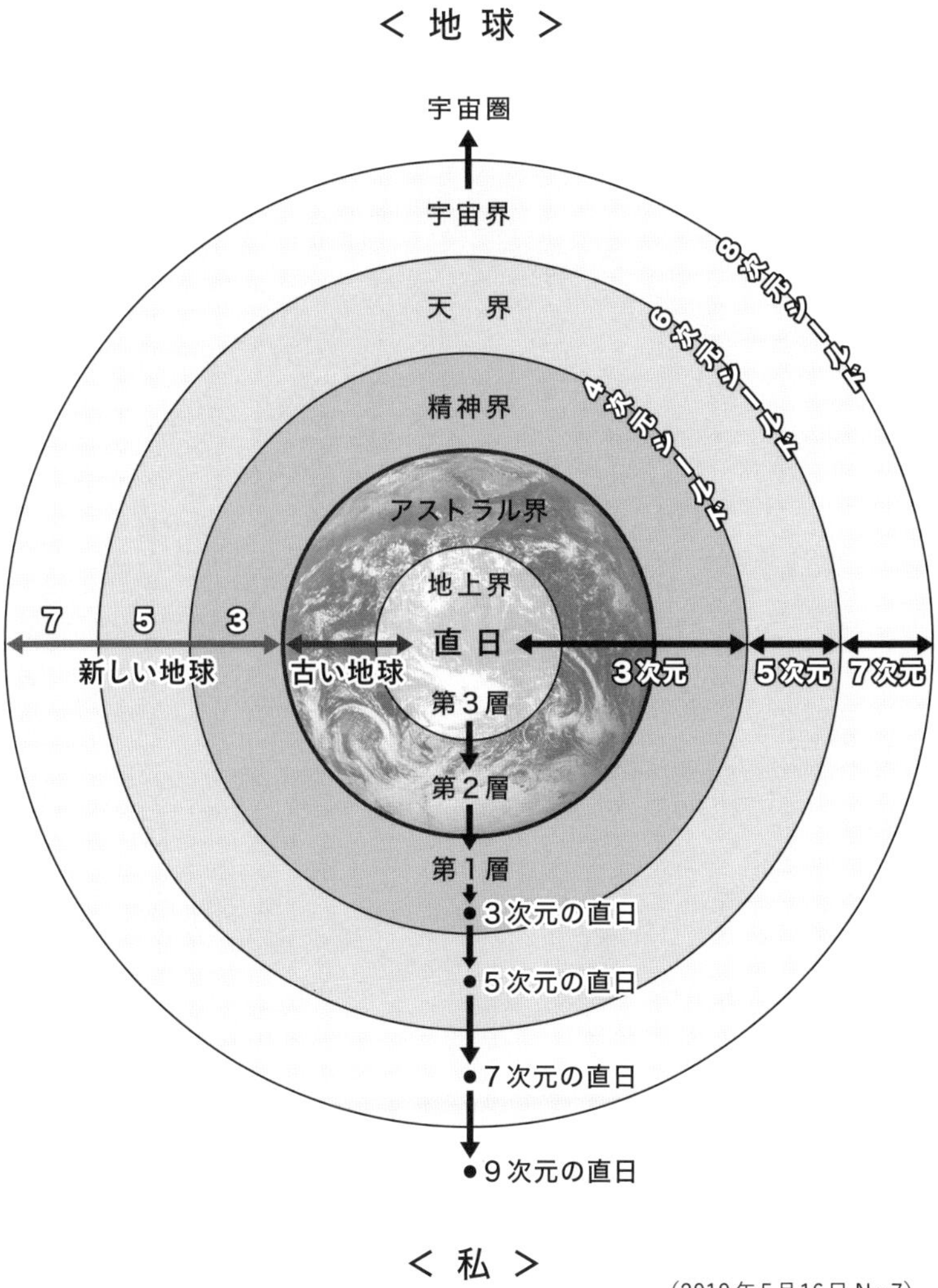

(2019年5月16日 No.7)

▼リセットを阻んだアストラル界の闇について

アストラル界については、〈リセット・リスタート〉と共に消失するとのことでしたので、それまでは特に着目しないままきていました。しかし、リセットを阻んだのはアストラル界の深い闇によるものだったという説明があり、しかも5月に入って早速〈魂の対話〉に来られたAさんの状態は、知らずにアストラル界の影響を強く受けていた、ということが判明しました。そこで、改めてアストラル界の状況がどのようになっているのかを探求することになりました。その結果を次にまとめてみましょう。

❶死後階層図におけるアストラル界の位置づけ

まず、アストラル界が〈あの世〉の階層の中で、どこに位置づけられているかというのを、『コナン・ドイル 人類へのスーパーメッセージ』(アイヴァン・クック編、大内博訳、講談社、1994年)に掲載されている、〈死後階層図〉を基に確認しました。

コナン・ドイルは『シャーロック・ホームズの冒険』の著者として有名ですが、晩年はスピリチュアリストとして世界中を講演して回っていたということは、一般的にはあまり知られていないことかもしれません。この本は、彼の死後、あの世から送ってきたメッセージをまとめたもので、それによってはじめて死後の階層が明らかにされた、ということです。

本文の解説はかなり長く難解なものでもあるため、改めて簡潔な解説をしていただいたのが、次のメッセージでした。

図5 死後階層図 解説

2018年1月21日
『これは、死後誰もが通る霊的世界の見取り図です。階層式になっているのは、同じ波調をもつ霊が寄り集まっているためで、肉体を脱いだ後の世界とは、自分の波長よりも高くても低くてもなじみが悪く、霊はそれぞれに適した位置にいることになります。
そして心の中で思っている世界が、そのまま自分のいる局面の様相ともリンクしていきます。例えば、極悪な心を持っていれば、住む世界もそのような暗い環境になるという具合にです。下層から上層に行くに従い、暗黒でじめじめした世界から光明のあるさわやかな世界へと変わっていきます。

【図5】死後階層図

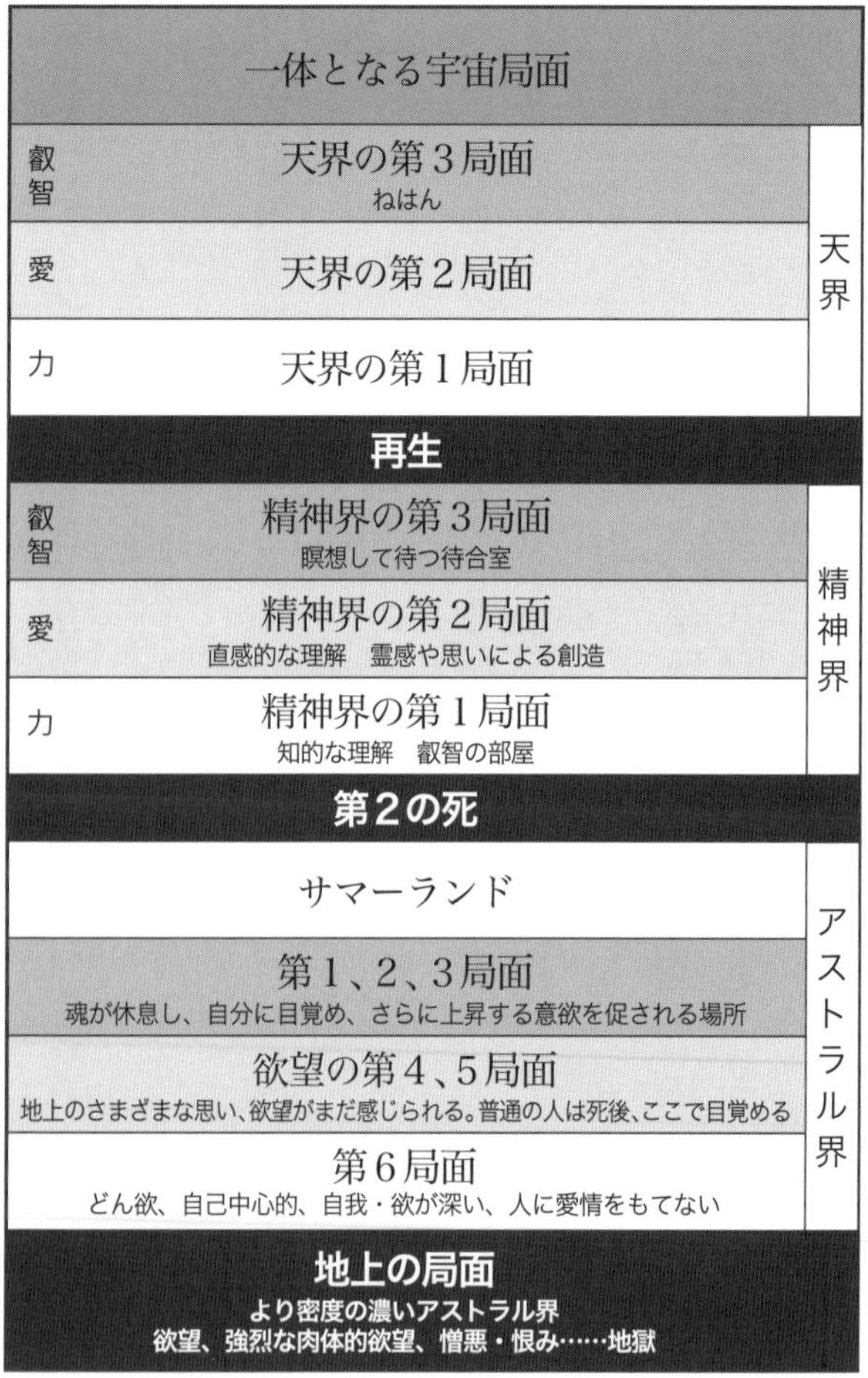

一体となる宇宙局面		
叡智	天界の第3局面 ねはん	天界
愛	天界の第2局面	
力	天界の第1局面	
再生		
叡智	精神界の第3局面 瞑想して待つ待合室	精神界
愛	精神界の第2局面 直感的な理解　霊感や思いによる創造	
力	精神界の第1局面 知的な理解　叡智の部屋	
第2の死		
サマーランド		アストラル界
第1、2、3局面 魂が休息し、自分に目覚め、さらに上昇する意欲を促される場所		
欲望の第4、5局面 地上のさまざまな思い、欲望がまだ感じられる。普通の人は死後、ここで目覚める		
第6局面 どん欲、自己中心的、自我・欲が深い、人に愛情をもてない		
地上の局面 より密度の濃いアストラル界 欲望、強烈な肉体的欲望、憎悪・恨み……地獄		

コナン・ドイルによる死後階層図
（『人類へのスーパーメッセージ』P178をもとに作成）

◎アストラル界

では各層を具体的に説明していきましょう。大きく分けて、アストラル界→精神界→天界となっています。ここまでが地球圏を表します。

アストラル界の低層は、欲望が渦巻き、争いが絶えない世界で、そこからだんだんと向上の意欲が芽生え、最上層のサマーランド（ブルーアイランド）は、人によっては天国とも感じられる明るい局面であるといえます。

アストラル界は、主に地上時代の欲望や感情を消化していくことが目的の領域です。地上に近いこともあり、様々な地上とのコンタクトがなされており、低い層では野蛮な欲望のはけ口として、高い層では役立ちたいという欲求から地上への関与もなされています。地上での様々な憑依現象や低レベルの霊言などは、このアストラル界からの影響によるものが多いといえます。

◎精神界

アストラル界を抜けると〈第2の死〉を迎えて、精神界にいきます。なぜ〈第2の死〉と言われるのかといえば、そこでもう一度〈死〉を通って目を覚ましたほどに、まったく違う霊的世界が広がるためです。それはアストラル界が〈虚界〉、精神界からが〈実在界〉だと言われるほどの差で、それまでは単なる生前の欲求や感情の残骸を、夢見ていたかのように感じられる、ということです。

精神界では主に観念を消化していきます。活動としては、地上と天界をつなぐための様々な奉仕活動を〈類魂〉としても行いながら、魂の学びを深めていきます。そして、精神界の最後の局面では、今生だけではなく過去生をも含めた総合的な〈人生回顧〉（※死後すぐに生前の行いを振り返る1回目の〈人生回顧〉と、〈天界〉に行く手前での2回目の総合的な〈人生回顧〉がある）を行って、地上に再生するのか、それとも地球輪廻を終了して解脱し、天界に進むのかの決定がなされます。

◎天界

天界では、いよいよワンネスの世界に入っていき、地上の創造活動に貢献します。5次元の世界同様、個とワンネスの両方の要素を同時に体験しながら、美と調和の中でそれを開花させていきます。その上の宇宙圏ともつながり、多くのインスピレーションを受けながら、それを地上に下ろしています。芸術、科学、宗教などに多大な影響をもたらし、地上界のイデアとして機能しているのが天界です。

階層図の下層から上層に行くことは難しいですが、上層から下層へは自由に行くことができ、常に向上のためのサポートが行われています。個々人の成長のペースは本人次第ですが、それを見守り関与する霊は必ずいて、相互に助け合う仕組みとなっています』

以上が全体的な死後階層図の説明でしたが、次は改めてアストラル界に絞って詳しく見ていきましょう。

❷アストラル界の構造

2019年5月11日

『アストラル界の構造というのは、巨大なアリの巣のように多くの小部屋が枝のように広がっており、そのすべてが通路でつながっています。下層ほど暗くじめじめとし、上層に行くに従って、少しずつ明るさを感じる部屋が増えていきます。

部屋といっても閉ざされた空間ということではなく、波動の同調作用によって、同質のものが寄り集まって一つのグループのように密集しているということです。その中にいる各個にとっては、自分のいる世界（部屋）しか見えていませんが、俯瞰してみると、さまざまな部屋があったとしても、全体的には下層から上層に向けてグラデーションのように明るさが増していく、層構造としてとらえることができます。
今回は、その階層ごとの様子を、最下層から順にご紹介したいと思います。

① 地上層

ここは私たちの生きる地上世界とまったく同じです。いわゆる〈死〉の自覚のない霊が、まだ(1回目の人生回顧をして)アストラル界にも入っていない状態で、憑依できる肉体を求めてさまよっている段階です。

そこは、現代の夜の街そのものなのですが、彼らにとっては覚せい剤中毒になったような感覚で、いろいろなものが暗くかすみ、空間もゆがんで見えています。はっきりとモノが見えていない上に、思考も停止している状況で、何がどうなっているのかすら分からない混乱した状態のまま、地縛霊や生霊としてうろつきまわっているのです。

彼らが欲しいのは肉体ですので、地上で自我の弱い人に憑依することによって、その人のオーラの中で再び共に人生を歩みだすことになります。一人に対して、何十人もの霊が取りついていることもあります。

このような時は、憑依している側も、されている側も、まさか自分がそのような状態にあるとは理解していません。憑依されている側は、自我機能が完全に失われてしまうこともあり、訳が分からず鬱々と過ごすうちに、無意識のまま自殺をしたり、凶悪犯罪を起こしたりすることもあります。

そのように分かりやすい従来型の憑依現象もありますが、これから説明するのは、アストラル界の各層と地上の個人の無意識層とが共鳴してつながっているという例です。その方が、最近では圧倒的に多くなってきました。

以下の層から本来のアストラル界になりますが、まずは各層の特徴を説明しておきましょう。

②アストラル界の最下層（第6局面）

ここは、一般的に言われる地獄のことで、強い恐怖と殺意、怨念や恨みが立ち込め、不潔でじめじめとした、かなり闇の深い陰鬱《いんうつ》としたところです。そこにいる人々の目には、その様相は本人にとっても最も嫌悪すべき状況として映ります。

化け物に襲われて逃げまどっている人もいれば、ずっと戦争を続けていて殺し合いをしている人もいます。かと言えば、寄生虫に体をむさぼられている人、人肉を食べ歩いている人までいます。

また、その一角には自殺をした人が凍結状態でいる、寒々とした部屋もあります。そこでは意識は混濁しつつも、苦しみと絶望の中に閉じ込められたようになり、身動きもできない状況になっています。

③アストラル界の下層（第5局面）

ここは不安と怒りと貪欲などの感情がある層です。環境としては冬の厚い雲がかかった夕方の、薄暗さと寒々しさが感じられるところで、行われていることは盗み、裏切り、虐待、破壊的な暴行や性行為、中毒や依存としての逃避行為、自虐行為で、攻撃性と貪欲さもあふれています。

思考は短絡的で、根底には落ち込みや悲しみもあり、自分のことしか考えられない状況です。ずるさを全開にして人をだまそうと画策している人、自分のお金を守ろうと必死に隠している人などもいます。

④アストラル界の中低層（第4局面）

ここは、疑い、困惑、嫉妬、孤独、わがままなどの感情がある層です。環境としては、秋の曇り日のような明るさで、カラカラとした砂混じりの風が吹くような、乾いた寒さが感じられます。

猜疑心にかられてウソをついて自分を守る人や、なんでも思い通りにしたいので饒舌に話して周りをコントロールしようとする人、またどうしてよいか分からない混乱の中にある人や、地上ではまったく意識しなかった嫉妬心が沸き上がってきている人もいます。

⑤アストラル界の中層（第3局面）

ここは、無気力と休息したい気持ちなどの層です。それほどネガティブではなくとも、心はたいそう疲れていてエネルギーがわいてこない状態、あるいは面倒臭さやさぼりたい気持ちに取り込まれている状態です。

部屋もいろいろあるので、この階層を有効に使って傷付きからの癒しや、しばしの休息所として、またショックを軽減するための避難所としても活用されています。一人になれるよう小部屋がたくさんあり、その明るさは部屋によってそれぞれです。

⑥アストラル界の上層（第2局面）

ここは、喜び、心地よさ、充実感、よりポジティブな欲求などの感情がある層です。春の陽気のような明るい環境で、ポジティブでエネルギーに満ちた顔をしている方が多くなり、ちょっとした操作性や企みの心をもって、地上の人と共にビジネスでお金儲けをしている人々が多くいます。

物品を引き寄せ、思い通りに〈快〉を感じさせることで自分も心地よくなり、満足感を得ています。行き過ぎれば快感中毒にもなり得るような、飲食行為、快楽的性行為や、またゲーム依存なども、この層とのつながりによって生じている可能性があります。

占いや最近の表層的な霊言などは、この層または次の最上層とつながって、情報を得ている場合が多いといえます。

⑦アストラル界の最上層（第１局面）

ここは、向上心と他者への奉仕精神や、愛情が芽生えている層です。サマーランドやブルーアイランドとも呼ばれますが、キリスト教でいう天国と同等のところで、精神界や天界と比べると明度は低いのですが、それでも地上よりもたいそう居心地のよいところです。感情的には、日の出の瞬間を見ている時の感動に似ています。

この層の霊たちの地上への関与もありますが、それは悪意があるわけではなく、役に立ちたいという気持ちから行われています。ただし、あくまでもそれは自己満足の域は出ないのですが、それでも手助けしたいという気持ちは本物です。

希望と安心感で心は満たされ、人とそれを分かち合い、よりよい関係にしていこうとする意欲があり、喜びや楽しみも享受しています。

❸ 現代のアストラル界の特徴

以上のように、アストラル界は最下層から最上層まで、ありとあらゆる感情がありますが、すべての層に共通するものは、〈因果応報の法則〉を理解していないということです。

そのために、低層部のように悪意で人を操作しようとしたり、上層部のように善意であっても人の人生に踏み込んで、相手の自主性・選択の自由を尊重せずに、おせっかいで関与する、ということが起こっているのです。

まして現代の問題としては、アストラル界（幽界）は死後に行くところというよりは、図6に示すように、今や地上と重なるようにして混合しているところです。ですから、自分の感情に無意識のままでいると、それが磁石のような働きをして、それに共鳴するアストラル界の層とつながってしまいます。アストラル界との接触具合は人それぞれですが（※霊能者ほど高くなる）、今や誰でもそちらに引っ張られる可能性があります。

そしてアストラル界とつながるのは、第2～3層にとっては都合がよいことが多いために、ついつい惹かれてしまうところがあるようです。それは、人間的能力以上のパワーが良くも悪くも働くので、そのパワーへの執着や依存心がわいてくるからです。

そのパワーは自らの劣等感を払拭して、自己尊大感を増強してくれますし、不安などの感情

【図6】〈4次元の直日〉を中心とした横軸と縦軸

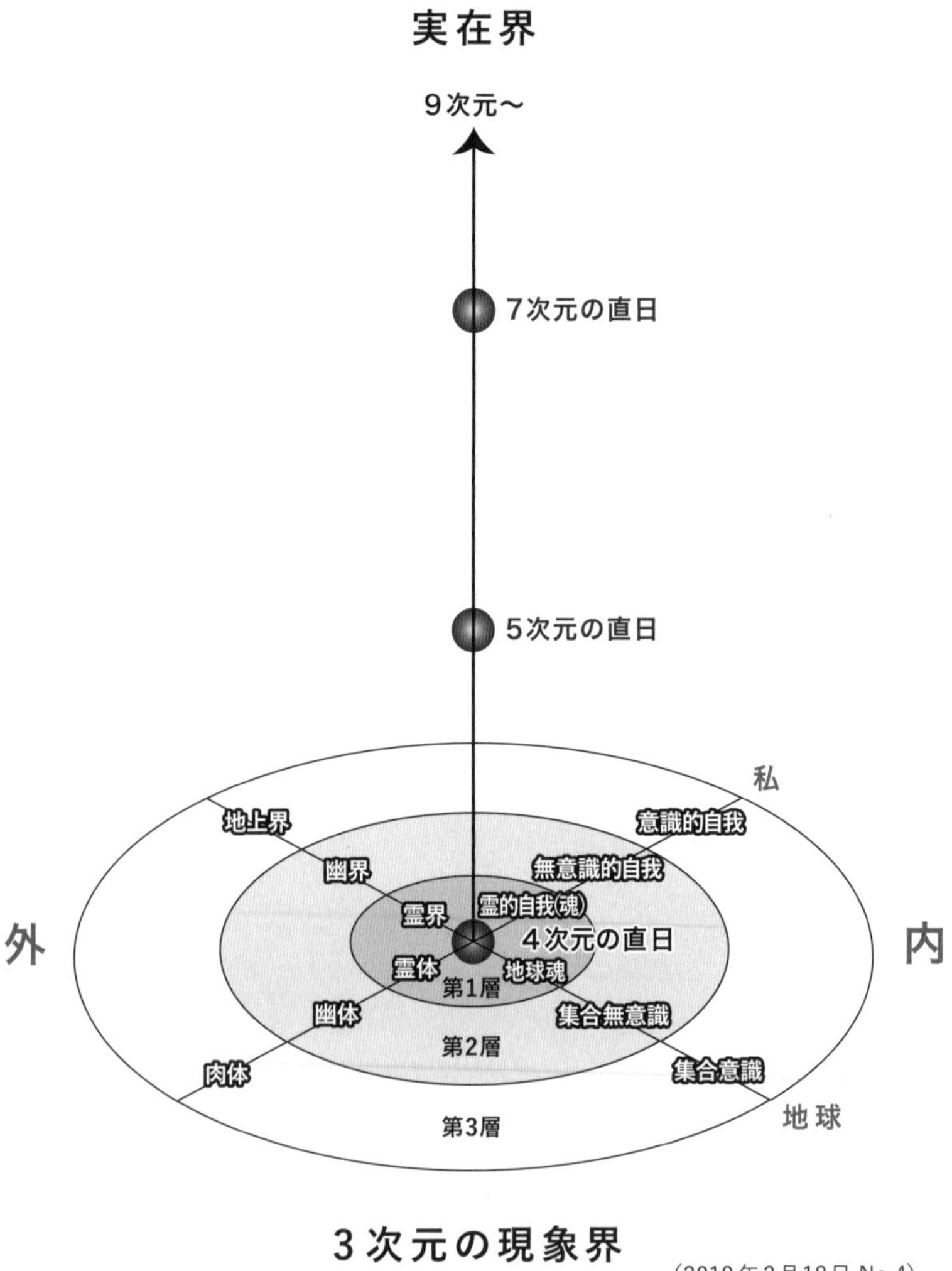

(2019年2月18日 No.4)

も麻痺するようになるので、快感としては最上級のものが提供されるといえます。その快感に後押しされて生きるのは、人生の困難に向き合うよりもはるかに楽であるため、次第に依存的になり、最終的には思考停止状態にもなって、やめたくてもやめられないという、ある種の中毒性を秘めています。

そのような状態は、ごく限られた一部の人の問題と思われがちですが、今や思いのほか多いといえます。特に現代において社会的に活躍している人の中には、第2層がアストラル界とつながって、無自覚なままそれにコントロールをされているということも、十分あり得ます。今や霊能者か否かに関わらず、ほとんどの人がアストラル界と何らかの接触をしている、と思った方がよいほどです。

❹アストラル界の影響から離れるためには

さて、ここまで詳しく説明してきたのは、アストラル界と結託して生きることは、一時的には利益があるように感じますが、長い目で見れば決してそうはならないことをお伝えするためでした。なぜなら、最終的にその結果は必ず自分自身に返ってくるからです。

この3次元の世界は〈因果応報の法則〉が厳密に働いているために、それがすぐにそうなるか、数年後になるか、あるいは死後、次の転生で返ってくるかは分かりませんが、アストラル界とつながって得た利益は、必ず〈悪因悪果〉として返ってくることになります。この世の最終目的は、〈魂の向上進化〉のために創られたからです。

ですから、もしあなたが魂の成長を願うのであれば、自分自身の魂の声に耳を澄まして、日々の選択を自覚的・意識的に行うようお勧めします。そうすることによって、これまでとはどのように結果が違うかを、まずは実体験してみてください。

そのように〈因果応報の法則〉に留意し、第1層（魂）にかなった行動を心がけていれば、そのうちアストラル界の影響（コントロール）からは離れて、自分の意志で爽やかに生きているご自分を実感されることでしょう』

▼因果応報の法則

アストラル界からの影響を免れ、新しい地球に行くために必要な〈因果応報の法則〉とはどのようなものか、最も簡易にまとめたものは以下の通りです。

◎まとめ1

2018年11月1日

『この3次元の地球では、個の体験を最大限に尊重するために、〈選択の自由〉が人々に与えられました。神に向かうか、神から離れていくかは、それぞれの選択にゆだねられ、それ自体が大いなる〈神のリーラ〉であり、実験でした。どのような選択をしようとも、神はそれをありのままに見て受け入れる、それこそが神の深い愛だったからです。

ただし、そのような選択の自由とセットで、〈因果応報の法則〉も与えられました。それは何らかの種を撒けば、その結果は必ず本人に返って来るというものです。つまりその動機が、魂の願いに叶ったものであれば〈善果〉として、その逆であれば〈悪果〉として現象化するというもので、それはこの世を生きる人間としての〈責任〉を学ぶためのものでした。

ただしこの法則は、それまでの一神教のように画一的な正しさを押し付けるものではなく、さまざまな霊的成長度に応じて、各人の魂にとっての正しさが異なることをも保証しています。その結果によって、自らの判断が正しかったか否かを振り返り、内省する機会を与えることによって、魂の向上の道筋を示す、という法則でもありました。

結果を引き受けるだけの霊的成長度と覚悟がないうちは、その因果は来世のカルマとして持ち越されるという、輪廻の仕組みも整えられました。向上のペースもそれぞれに委ねられた、ということです。

まだ若い魂にとっては、その輪廻の中で学ぶ主なテーマは愛（慈悲）でした。個に分かれた状態で自他を愛することができるかが、魂の向上進化の基礎的階段とされていたのです。

魂が成熟してくるに従って、神の叡智の側面も意識化されるようになってきます。そのような法則を緻密に設計し、厳密に動かしている神の叡智が、視野に入って来るようになる、ということです。そうした神の叡智に触れると、その見事さに圧倒されずにはいられません。その最たる根本的な法則が、〈因果応報の法則〉なのです。

このような「ありのままを認め、受け入れる」という愛と、「それによる結果が厳密に働く」という法則による叡智が、セットで働くことによって、個人の体験の尊重と宇宙全体への影響のバランスとが図られるようになります。

つまり、人類の集合意識が決定的に神から離れてしまえば、この世が大崩壊する結果となるというのが、〈因果応報の法則〉の機能として〈リセットの仕組み〉が組み込まれている、ということなのです。

しかし、この〈因果応報の法則〉は、3次元に限定された法則ではありません。3次元の時間的観念にとらわれた状態では、その結果が出るまでにそれなりに長い時間がかかりますが、その法則を通して立ち現れる〈今〉の現実に素直に向き合うなら、神（＝あの世の私）との対話が、リアルタイムで可能になるからです。

この世は神が見ている夢です。しかし、それは一方的に創られているわけではなく、法則によって立ち現れる現実の中で、どのような選択をし、どう行動するかによって、3次元の私たちがその出演者であるだけでなく、共同創作者にもなれるのです。

〈因果応報の法則〉を信じて、それに向き合って生きるというのは、神と対話しながら生きるということでもあるからです』

◎まとめ2

2018年11月1日
この世は、〈あの世の私〉と〈この世の私〉の対話によって成り立っています。

〈あの世の私〉は、常に〈この世の私〉に謎かけをし、それがこの世の〈今〉を作っています。

「あなたはこの現実にどう応えるか？」という形で。

〈あの世の私〉は正しい答を知っていますが、〈この世の私〉はそれを知りません。だから、これまでの智慧を総動員して、〈この世の私〉は正しいと思われる選択をし、それを行動に移して、その正誤のほどを〈あの世の私〉に問いかけます。

その正誤のほどは、ひとえに〈神に向かう（＝魂に適った）選択〉を行ったたか、〈神から離れる選択〉を行ったかという、その動機にかかっています。しかも、それは各人の霊的成長度によって異なりますから、百人いれば百通りの正しさがあり、それは自分の魂しか知りません。

さらに、〈この世の私〉の第2～3層は、人をも自分をもだますことが上手ですから、第1層の〈魂の声〉を、静けさの中でじっと耳を澄まして聴くしかありません。それは常にかそけき声ではありますが、聴く気になれば誰でも聞くことはできます。

そして、自分が行った選択や言動が、その〈魂の声〉にかなったものだったかどうかは、〈因果応報の法則〉によって、その結果は厳密に示されます。

それが神に近づく選択であった場合は、次の〈今〉に進むことができますが、そうでなければ、その〈過去〉の課題が繰り返されることになります。そして「これでもあなたは気づかないのか」、「無視し続けるのか」という形で、〈この世の私〉が気づくまで、その課題は次第に厳しさを増して与えられます。

〈無知の知〉を知り、ほどほどの自分であることを受け入れている〈この世の私〉の場合は、自分の選択が常に正しいわけではないことを知っているので、自分の選択の正誤のほどを知るために、〈因果応報の法則〉によって働いた結果に、常に注意を払っています。

そして、期待通りの結果にはならなかった場合は、自分の選択が正しかったかどうかを自らに問いかけ、間違いに気が付いた場合は、素直にそれを認めるようにします。そうすると、その状況は速やかに解消し、また新たな次の課題が、〈今〉の私に与えられるようになります。

でも、〈この世の私〉が「自己肯定・他者否定」の場合は、自分の選択や言動が誤ったかどうかなどに、注意を払うことはありません。それでも〈因果応報の法則〉は働くので、状況が悪化することはありますが、それは常に人のせいにして相手を恨んだり、自分を被害者と思って哀れんだりして、この世は自らの選択、言動によって立ち現れていることを、絶対に認めることはありません。

実は「自己肯定・他者否定」も、結局は早期の人間関係によって作られた、色眼鏡（＝観念）に過ぎないもの（しかもそれも〈あの世の私〉が仕掛けたもの）ですが、〈この世の私〉がそれを手放さない限りは、常にその過去の観念に縛られて、決して新たな〈今〉を生きることはできないのです。

だから、〈この世の私〉が「自己肯定・他者否定」を脱して、解脱ポイントに至って、〈あの世の私〉と〈今〉の対話を続けるためには、まずは「常に自分は正しくて、相手が間違っている」という観念を手放す。そして、自分が行った選択や言動の正誤のほどを素直に問うために、因果応報の結果に注意を払って生きる。そのためには、その〈因果応報の法則〉を厳密に機能させている、〈神の目〉を認めるしかないのです。

この「自己肯定・他者否定」に限らず、そうした個人的・集合的観念をすべて、「見て―受け入れて—学ぶ」ことによって第2層を浄化できるならば、解脱ポイント（＝4次元の直日）に至り、〈あの世の私〉と〈今〉のキャッチボールができるようになります。

そして、過去・現在・未来にわたる3次元の〈因果応報の法則〉は無用となり、〈あの世の私〉と共にこの世を創出していくという、5次元の〈思念の現実化〉に至ります。

ただし、一度その解脱ポイントに達したからといって、〈この世の私〉はこの現象界に生きているので、常に第2、3層の自分にも影響されます。ですからこの世にいる限りは、常に〈因果応報の法則〉に照合して、この世で生きる私をチェックし続けるしかありません。

それが〈あの世の私〉の謎かけに正しく応じているか否かを知る、唯一の指標なのですから。

第3部

その後の展開

1 9次元から11次元への〈リセット・リスタート〉の試み

令和の新しい時代に入って、リスタートは何とか実現したけれど、リセットはアストラル界の闇に阻まれて実現できなかったという結果を受けて、それ以降、そのアストラル界の闇を晴らすべく、厳しい〈魂の対話〉が続きました。

そのための一泊二日で行う対面の〈魂の対話〉はすでに180回を超え、それに続くメーリングリストでの対話は、テーマや時期によってML名も構成メンバーも変わりましたが、そのやり取りはざっと見積もっても6800通ほどになっていました。

その甲斐あって、各人の第2層の問題が浄化していくにつれて、縦軸の解明（＝あの世の解明）も高次元へと進んでいく、ということが段階的に起きていました。その結果、地球ゲームの最終目標は、現在の9次元の宇宙泡を〈リセット・リスタート＝対消滅・対生成〉して、11次元へと拡大することにあった、ということが次第に明らかになってきました。

おそらく最初の目標は、地球を3次元から5次元へとアセンションすることにあり、それが2012年12月にかなわなかったという現実を受けて、3～7次元ののリセットということになったものと思われます。

そのためにある段階までは、受動的に天界からのメッセージを受信する、ということで進めてきたこのプロジェクトも、最終的にそれを主導してきた空海さんさえ、234ページにあるようにこのまま解明を進めることを推奨した、ということがありました。

その後行われた、9次元から11次元への〈リセット・リスタート〉に向けての、〈あの世の科学者〉との対話は、すでに「天地の対話シリーズ1」で詳しくまとめています。そのため本書では、簡単にそのプロセスをまとめておくことにします。

▼地球ゲームの最終目標

2019年10月11日

［対話記録］

「この宇宙は最終的に図7で示すように9次元で成り立っており、この3次元は〈大元の神〉からは最も離れた低次元の世界ということになる。

しかし、〈神のリーラ〉ということから考えるならば、むしろ最初の9次元の方が単純で、次第に7次元→5次元→3次元と創ってきたとするならば、この最終段階の3次元こそ、もっ

【図7】〈あの世〉と〈この世〉の成り立ち

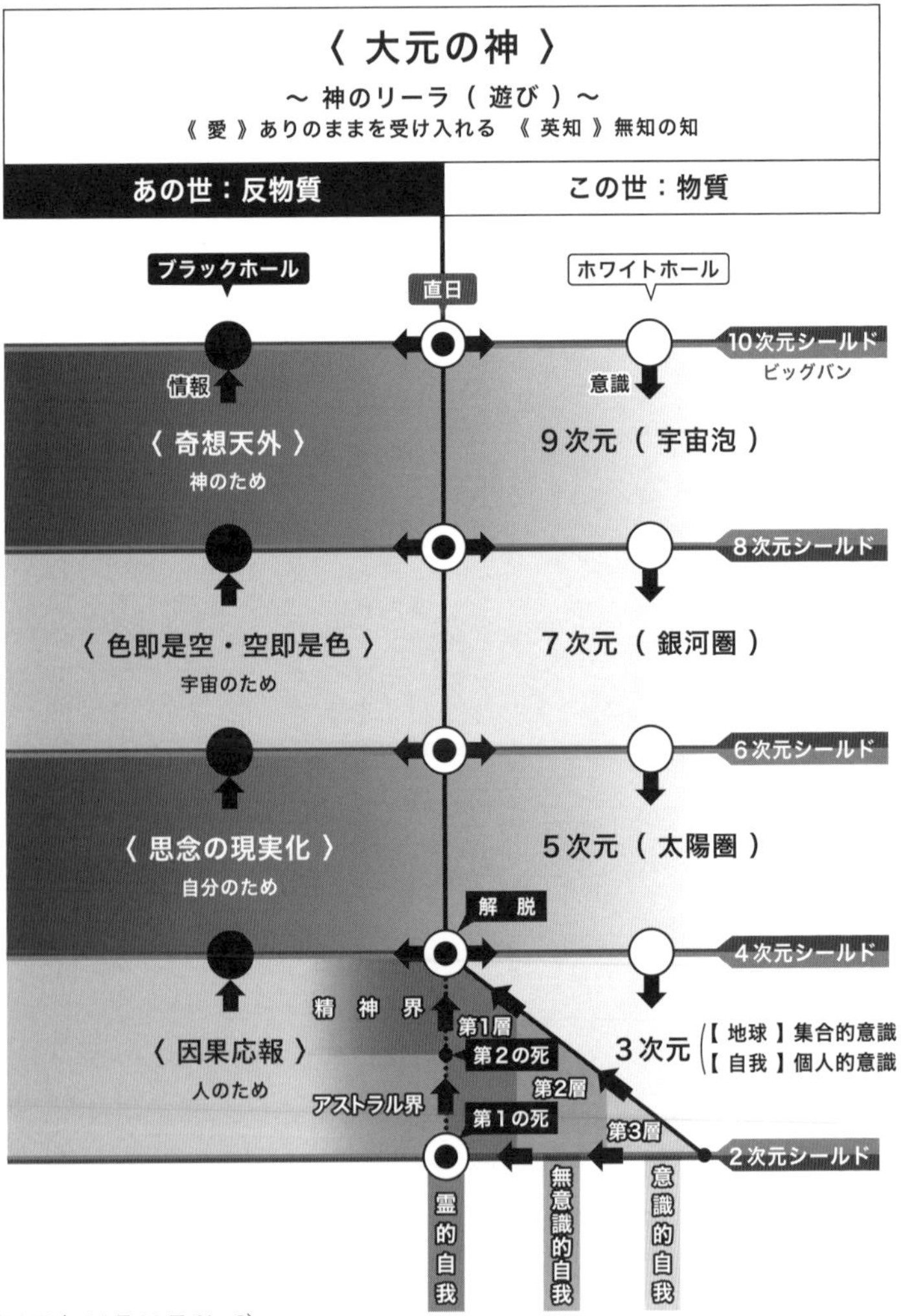

(2019年11月29日 No.8)

とも複雑なシステムになっているのではないだろうか」

『そうです。この宇宙泡は9次元からはじまり、そこから次元を落とした世界を9→7→5→3次元と創ってきました。そのように考えれば、9次元が高次のレベルで3次元は低次のレベルであると思われがちで、確かに直日をつかんでいない人類の意識状態では、そのようにもいえます。

しかし、直日をつかんで意識を〈大元の神〉にまで広げられるようになった〈今〉、改めてこの3次元を捉えるならば、この3次元こそがより高度な9次元である、ともいえるのです。なぜなら、そこに書き込まれている数式（幾何学図形）の複雑さ、個性開花の仕組みとその多様性からいえば、3次元の地球の方がむしろ、叡智を総結集した作品であるからです。

9次元もシンプルで美しいですし、奇想天外で多面的な面があるのは確かですが、次元を下るほどにその芸術性は増し、アレンジが多彩になった星が創造されていきました。

そして特にこの地球人類というのは「神を象った」という言葉通り、各個人が直日を持ち、豊かな感情を味わい、自由に選択できる自我を獲得している。なおかつ観念という独自のメガネを持ち、輪廻の中で学びを深め、それらの体験を総合的に意識化するための脳と、それを表現するための言葉も持っています。

さらには人類の集合意識・集合無意識までもあり、完全な個人でありながらも、他者と共に全体の中で生きる、という稀有な体験をする場がこの3次元の地球なのです。おまけに、〈今〉しかない9次元に比べて、3次元には時間的な経過があり、物質的・空間的な制約さえあるのですから、その見事な複雑さは宇宙の中でも極めて特殊だといえます。

そのため、地球はこの宇宙泡の〈脳〉であるといわれるほど中心的な存在であるというのが、大局的視点から見た真実です。それは物質的には〈最果て〉であっても、意識的には〈中心〉になりうる可能性を秘めているということで、今はその可能性が全面的に開花している状態だということです。

その可能性が開花したのは、この世の3次元の〈自我〉から、あの世の9次元にまで意識をのばすことができたためでした。〈意識する〉ということが、この宇宙ではすべてなのです。9次元の直日は、今回のビッグバンの始点でしたが、私たちはそれを捉え、最も複雑で難しい設定の3次元から、大元の9次元にまで意識を回帰させたことによって、意識的にはこの宇宙泡の中心になったというわけです。

そして今や9次元の中心（＝10次元の直日）をもとらえることができ、さらなる〈意識〉の拡大の中にあります。意識が10次元の直日を超えて11次元に至れば、そこから9次元の宇宙泡を新たに創造することができます。それは、新たな種を蒔けるということです。

3次元の第3層の自我の意識が、10次元の直日を超えて11次元にまで届くとしたら、それは11次元と同等のことができるようになるということで、それはつまり〈3次元の直日〉から9次元の宇宙泡を創ることができる、ということになるのです。

そのようにみなさんの意識が10次元の直日にまで達したことによって、これまでの宇宙泡内の制約がすべて取れた中でのリセットが、可能性として浮上してきました。その細かなメカニズムは、関わる人々がどのようなフォーメーションで行うかにもよるのですが、これまでのシステムと一つ大きく違うのは、新たな種を蒔くことによって、意識のビッグバンが〈3次元の直日〉を起点として起こる、ということです。

それによって、宇宙から地球体験をするために集まってきた魂が、ここでの学びをそれぞれ携えて、元の星に帰っていくことでしょう。その時、〈3次元の直日〉からカラフルな星々が花火のようにはじけ散り、美しく輝くはずです。

その一瞬は、すべてのシールドが解除されますので、各人が意識されたところに思うままに行けます。もちろん、刷新された地球で、再びこの冒険を希望される方々は、〈新しい地球〉の中の、それぞれの位置（次元）に行かれることでしょう。3次元の現象界では、原初の美しい地球がそこに現れるはずです』

▼宇宙カレンダー最後の1秒

◎宇宙カレンダー

２０１９年12月2日

［対話記録］

「この宇宙のはじまりから現在までの歴史を、１年に換算した〈宇宙カレンダー〉によれば、はじまりというのは0・0０００００００・・・１秒のほんの一瞬に過ぎない、ということだ。そう考えると、終わる時というのも、そのように一瞬のものなのだろう。

その〈宇宙カレンダー〉によれば、人類の祖である猿人が誕生したのは（1年の最終日である）12月31日21時頃になる。22時45分に原人が、23時52分にホモサピエンスが、23時59分22秒に縄文人が、23時59分53秒に弥生人が生まれた。また、23時59分59・７秒に日本で明治維新が起こり、アップルがiPhoneを発売したのが23時59分59・98秒（２０１６年1月現在として）ということになるそうだ。

近代科学が発展していろいろなことが分かってきたのは、結局は全歴史をそのように1年に換算した場合、最終日の深夜23時59分の内の、最後の1秒間に集約されることになる。一瞬でできたものが一瞬で終わるであろうことは、この〈宇宙カレンダー〉からも読み取れる」

それを受けるかのように始まったのが、あの世の脳科学者の伊藤正男さんとの次のような対話でした。

2019年12月3日
伊藤正男『どうも、お仲間の一人であります、伊藤です。確かにこうして死んでしまってから出会う方が、電車での移動もなくて済みますし（笑）、はるかに効率がよいですね。

さて、宇宙の創世というのは、最初の1秒と最後の1秒にすべてをかけているようなもののようです。あとのところは、時間さえかければ放っておいても無意識的に（ある意味自動で）進むのですが、最初と最後の1秒はそれをとことん意識化した上でなければ、始まりもしないし終わりもしない、ということのようです。

そのような背景の中で、私がこの最後の時期に日本に生まれたというのは、宿命というか使命といいますか、皆さんと同様に約束の上でということだったのだな、と思っています。今、終わりの1秒に向けて専門家を世界各地に散らばせて、あらゆる方向からの解明を急ピッチで仕上げようとしているようです』

そして、次のように〈天地の対話〉が展開していきました。

▼11次元へのリセットに必要な集合意識

2019年1月7日
「10次元の直日で物質と反物質と〈対消滅・対生成〉が起こるには、そこに至る真理を理解する人が16人ほど出てくればよいとのことでしたが、それは3次元の生身の人間でないとダメなのでしょうか？」

『物質と反物質、すなわち〈この世〉と〈あの世〉はセットで作られ、10次元の直日からのビッグバンでそれが分かれました。それは0次元の意識が入ってくる〈大元の神〉による創造だったといえます。それをリセットするには、始まりの時と同じように0次元からの意識が直接入ってくる、3次元の自我を持つ方々によってしか、なしえません。

人数に関しては、〈今〉しかないという中では、これまで何人手を挙げたかというのは、常に流動的なためにあまり指標にはなりません。それよりもむしろ、地球体験の最後に「あなたが加わればリセットができますが、最後の一人になりますか？」という問いを投げかけられる機会こそが、それぞれにとっては大事です。

ちなみに、その質問を受けられる条件は、図7を脳でくまなく分かる必要はありません。アート系など論理的思考が特性ではない方もおられ、それぞれの感覚的理解の境地というのもあるからです。ですから、少なくとも以下の3点をストンと理解していれば、それで十分です。

① 4次元の直日（＝解脱ポイント）に意識が達していること
② 〈全知全能の神〉から〈無知の知の神〉に転換できていること
③ 現象界はヒモを使った幻であり、〈神のリーラ〉のためにあるということ

また、リセットは、これまで段階ごとに語られてきましたが、その特徴をつかんで端的に言葉で表すならば、

3次元で起こる場合は、因果応報の結果
5次元で起こる場合は、次元上昇
7次元で起こる場合は、（狭義の）現象界の刷新
9次元で起こる場合は、シールドの解除
11次元で起こる場合は、新たな種による発芽、といえそうです』

以上のような〈リセット・リスタート〉に関するメッセージは、初めのうちは〈あの世〉の側からの説明が中心でしたが、11次元への〈リセット・リスタート〉という場合は、3次元の〈この世〉の側からリセットすることが必要だと言われています。

究極的には、この世は〈神の見る夢〉に過ぎないにしても、この3次元の夢の場を成立させているのは、この世の物理学的な法則でもあります。そういう意味では、意識の側からの解明だけでなく、物理学的な〈ヒモ〉の側からも〈リセット・リスタート〉に関するメカニズムを解明することが必要となりました。

実際に、（この世の時空間の観念によれば）138億年かけて現在に至ったという宇宙の物理学的解明も、20世紀に入ってからは目覚ましいものがありました。特に21世紀に入ってからは、科学技術の急速な進歩によって観測による解明も進み、あとは最初の一瞬のインフレーションを重力波によって観測する、というところまで肉薄しているようです。

また、科学雑誌や科学番組を見る限り、宇宙物理学だけでなく、考古学、地質学、進化人類学、脳科学、ゲノムの解明など、あらゆる分野で最後の1秒に向かって各々の解明が進んでいる、という印象も受けます。やはり、大元の〈無知の知の神〉に同化した、科学者の「知りたい！」という強い好奇心が、そこまで進化を果たしてきたのではないかと思うような目覚しい解明が多くなっていました。

ただし、残念ながら各専門分野に細分化された現代科学では、領域を超えて協力し合うということはあまりなく、ましてや〈意識〉に関する科学的究明はまだほとんど見られません。おそらく、そこに触れることは科学者としてのアイデンティティーを脅かすことになりかねない、ということがあるのだろうと思います。

実際に〈あの世〉や〈意識〉の解明を共にしてくれる〈この世〉の科学者は現れず、結局は〈あの世〉の科学者との〈天地の対話〉による解明となりました。その過程をまとめたのが、「天地の対話」シリーズ1『あの世とこの世の仕組み　あの世の科学者との対話を通して見えてきた真実』ですので、ここでは割愛するとして、興味のある方はぜひそちらもご覧ください。

2

あの世とこの世の反転――〈新しい地球〉の目覚め

▼保険としての〈新しい地球〉

さて、私たちがずっと受信し続けてきた〈リセット・リスタート〉のストーリーも、いよいよ終盤となりました。

アセンションは、２０１２年12月21日に起こると予告されていたけれど起こらず、次に予告されていた平成内の〈リセット・リスタート〉も、結局は〈新しい地球〉は誕生したとのことでしたが、〈リセット〉までには至りませんでした。しかも、その〈新しい地球〉も当面は死後に行く世界として、〈この世〉で目に見えたり、体感できたりするわけではありませんでした。

そこで、一応その〈新しい地球〉のことは頭の片隅に置いた上で、ともかく新たに次元を上げたところでの〈リセット・リスタート〉にチャレンジすべく、ひたすらアストラル界の闇を晴らすための〈魂の対話〉と、シリーズ１に示したような、〈天地の対話〉によるあの世とこの世の究明を続けていました。

しかし、私たちの心積もりとして、もう一つの時間的な目標がありました。それは、「東京オリンピックの前に」ということで、それを過ぎてしまったら、もはや〈リセット・リスタート〉の可能性は薄くなる、ということでした。

なぜなら、日本を中心として〈リセット・リスタート〉が行われるので、その日本がオリンピックを迎えたならば、いろいろな意味でさらに荒廃して、もはや中核としての力を失ってしまう。だから、その後は自滅の方向に向かう可能性が高くなるだろう、とのことでした。

ですから、コロナ禍で開催が一年延びた時には、もう一年の猶予が与えられたと思いましたが、結局、コロナ感染が広がっている中でも東京オリンピックが強行されることになりました。

そこで、とにかくその日までできる限りのことをしようということで、『天地の対話シリーズ1～3』をまとめていました。

私たちの場合は、〈あの世〉と〈この世〉の境界線がほとんどなくなっているために、まずはそのまとめを、アカシック・フィールドに書き込むという目的のためでした。

しかし、この出版の機会をいただいたおかげで、シリーズ1では科学的視点から、シリーズ2ではスピリチュアルな視点から、シリーズ3では3次元の〈因果応報の法則〉による視点から、〈この世〉向けにもしっかりまとめることになりました。

これまで、常に「人事を尽くして天命を待つ」というスタンスできたので、ともかくオリンピック前にその三つの報告書をまとめて、その結果どうなるかは天に任せていたわけですが、結果としてはいまだに〈リセット〉は起こっていません。

私自身は、「ノアの箱舟」のノアさんのように、メッセージで伝えられたことを最後の日（私の死）まで素直に信じて、できる限りのことをするという覚悟できましたが、それでも最終目標であったオリンピックが開催された場合、どのような気持ちになっているのかを、秘かに楽しみにしている自分もいました。

そして、今やその日は過ぎてしまいましたが、その後どのような展開になっていったかをここでまとめておきたいと思います。

その前に今一度、最初の頃に言われていた〈リセット・リスタート〉についてのメッセージを振り返ってみましょう。

▼神の愛と叡智によるリセット

2018年1月4日

『地球は、分離した神々（＝人間）の集合夢です。その神々は、大元の神とのつながりをいったん忘れ、個の体験を、あたかも現実だと実感しながら過ごしています。その夢の仕組みは、神の叡智により実に見事に創られているためです。

個人の選択を尊重するのは、神の愛です。個人がどんなにエゴで突っ走ろうと、悪の限りを尽くそうとも、それを見守り、受け入れます。ただし、因果応報でその結果は本人に返るため、悪いスパイラルにはまるとなかなか抜けられません。しかし同時に、いつでも改心の道は開けるようになっていて、意識一つで光明を見出していくこともできます。本人次第でどんな人生をも歩むチャンスと可能性を秘めているということです。

しかしそれは、「地球が壊されない範囲において」という限定付きです。地球が機能しなくなれば、その集合夢自体も成り立たなくなるからです。

今、多くの人々が悪夢の中でうなされています。戦争、飢饉、公害、自然破壊、動物虐待、人間虐待。目を疑う殺し合いも頻発しています。奪い合い、争うエネルギーは、年々過剰なまでに高まっています。このままでは地球は、青々とした星ではなく、真っ黒焦げの荒れ果てた大地と化すでしょう。もはや人間の住める星ではなくなるということです。

平和に暮らそうとしている人々は真っ先に標的となるでしょう。攻撃と反撃の中で、闘争心と憎悪はどんどんその勢力を増して、その過剰さに火をつけることでしょう。

眠っている人が悪夢にうなされていたら、あなたはどうするでしょうか？　体を揺さぶって起こしてあげるのではないでしょうか？

私たちはそれとまったく同じ気持ちです。「地球のみなさんをこの辺で起こさなければ、もう後戻りできないほどになるであろう」という限界点が、今だからです。今、夢から覚めなければ、地球にいる多くの魂は、真っ暗闇の中をさまよい続けなければならなくなるでしょう。それはひどく孤独で、悶絶する苦しみであるといえます。

リセットとは、このような悪夢から目を覚ましていただくための、神の深い愛です。そしてその夢から覚めるシステムが、神の叡智です。このような愛と叡智によって、今まさにリセットがなされようとしています。

この最後の時に何を意識するのかは、非常に大きな分かれ道になることでしょう。死後に行くのは、今のあなたが意識している世界そのものだからです』

以上のメッセージに従って、これまで目標としていたのは、地球が徐々に自滅の道をたどる前に、一瞬の〈リセット・リスタート〉によって、すべての魂を救うということでした。

しかし、残念ながらそれが実現されなかったところで、次なる天地のプロジェクトの目標は、これまで〈保険〉として取ってあった、〈あの世〉の〈新しい地球〉を起動して、そちらに死後は移行してもらう、ということのようでした。思えば、確かに次のようなメッセージを受信していたのです。

2021年4月15日
『〈新しい地球〉は、保険みたいなものです。それが令和の初めにできて最低限のことが保障されたからこそ、無謀にも11次元へのリセットにチャレンジできる、という面があったのです』

▼待機状態にある〈新しい地球〉

ということで、それまではひたすら11次元への〈リセット・リスタート〉の方に向けていた意識を切り替えて、〈新しい地球〉についてのメッセージを、改めてピックアップしてみました。
そうしたら、何と〈新しい地球〉からの第一声は、2019年10月末に他界したばかりの私の母から送られてきた、次のようなメッセージだったのです（※『〝則天去私〟という生き方』や『天の法則・地の法則』にも母はよく登場していたが、私たちは〈魂への道〉を一緒に歩んでいたとも言える）。気付けば、それが送られてくるまでの半年間は、私たちの意識がまったく〈新しい地球〉に向いていなかった、ということです。

2019年11月1日
『生前は「メッセージを外から」読んでいた私が、まさかこういう形で「メッセージの中から」

登場するなんて、思ってもいませんでしたね（笑）。〈こちら〉と〈あちら〉は、本当に肉体のシールド一枚を隔てただけで、何ら変わらないんですよ。不思議なもので、死んでも情緒的な揺れはまったくなく、何だかあっけらかんとしています。情に捉われていない、ニュートラルな気持ちっていうのかしら？

まだ理解が追い付いていないのだけど、どうも私はアストラル界にはいないようです。死んだ時に、くるんとひっくり返って、トンネルの中をゴウゴウと進み、最終的に幾何学模様の光が見える世界に、ポンと放り出されたんです。その光を見た瞬間、美しい！と心を奪われ、感動がこみあげてきました。それはどうも、〈因果応報の法則〉が幾何学模様になったもののようです。

本当は、これからアストラル界で生前の細々とした感情を消化していくのだろうと思っていたんですけどね。だって、まず人生回顧をしてから、アストラル界を昇っていくというのが、死後のルートだったでしょう？　だから、きっとそのプロセスが始まるんだろう、それにしてもまだなのかしら、なんて思っていたんですよね。

でも振り返ってみると、私自身が霊的真理を知識としてもっていたことは、とても大きかったようです。第2～3層では素直に認められなかったことも、第1層の魂で受け取っていたことは、頭の片隅にすべて残っていたようで、肉体を脱いだ瞬間に今まで学んだことが、ものすごい勢いでダーっとつながってストンと分かりました。そうすると、それが一つの核にシューっと収まり、その核に私自身が吸い込まれて、くるんとひっくり返ったように思います。

私は〈因果応報の法則〉だけは心から分かっていたので、こういう展開になったのかもしれませんね。でもこう話してみると、確かに私は〈直日〉を通って〈新しい地球〉の7次元にまで、一気に来てしまったような気もします。周りは気持ちがいいほどの漆黒ですが、星々もまだ見えるので、5次元から7次元が見えているところなのかもしれないですね。

何しろ一気にダダダーと進んでしまって、そこで目に入った因果応報の幾何学模様のあまりの美しさに、スゴイ！と感動していたところで、この話が始まってしまったんです。その幾何学模様は、固定されたものではなく、一瞬ごとに形を変えています。その変化がとても美しくて、ずっと見ていてもいいくらいです』

２０１９年11月16日

「その後の〈新しい地球〉での様子を、母に聞いてみてください」

『特に何かするともなく、無意識状態で心地よくいました。こちらは何かが出来ていくとか、創られているとかいう気配はなく、待機のような状態なのかもしれませんね。

何か現象界として形をなすものがあるかというと、それもまだありません。結局、肉体脳でしか現象というのは把握できない、ということなのでしょうね。まだ肉体脳をもつ3次元の人たちが再生する段階にないため、こちらにいる方々は、ほとんど無意識状態のまどろみの中で、〈リセット後の〉開闢《かいびゃく》のその時を待っている、ということなんでしょう』

以上の報告によって、初めて〈新しい地球〉の現況が分かったわけです。結局、256ページ以降に書かれていた〈新しい地球〉の様子は、本格的に起動した場合の状態だったようで、この時は〈リセット・リスタート〉が起きて、古い地球から新しい地球へと対消滅・対生成されるのを、〈あの世〉のまどろみの中で待っている、という状態だったようです。

そこでもう少し詳しい状況を、〈根の国〉から〈新しい地球〉に移ったという方々に聞いてみることにしました。

２０１９年12月28日

「あの後、私たちはアストラル界の闇を晴らすための横軸対話と、11次元への〈リセット・リスタート〉に向かうための縦軸対話に全精力を注いでいたもので、〈新しい地球〉までは意識が回らなかったのですが、今、そちらはどのような状況でしょうか？」

ナディア（※107ページ以降に書かれているレムリアを探訪したときの案内役）『こちら、〈新しい地球〉はまだ全然収集つかず、の状況です。シールドがないので、重力がない。そのためヒモもつかないので、物質的現象世界としては3次元と5次元のどちらもまだ創れないでいる、という状態です。

こちらは反物質のヒモと同じ、ゆらぎのまま待機しているということです。でも、そこに種としての情報は、アカシック・レコードとしてどんどんまとまって入ってくるようにはなっています。

私は5次元にいるので、幾何学模様が変化しているというのは見えませんが、漆黒の中でたまに遠くの星が光っているように見えます』

「根の国から皆さんが移動したのでしょうか？」

『そうです』

「皆さんお元気ですか？」

『あの世の霊体になってしまうと、逆に〈みなさん〉が見えなくなるんですよね。やはり物質的に立ち表された現象界の方が、彩り豊かで、違う個性も可視化できるので、賑やかでしたね。今は静けさやワンネスの心地よさ、まどろんでいる快感などはありますが、皆でアートやら何やらを楽しんでいるような喜び、数々の喜怒哀楽はなくなりましたね。早く現象界が創られないかしらと、みんな心待ちにしています』

「なぜシールドがないのですか?」

『自我がないからでしょうね。霊体だけだと一体感だけなんですよ』

2020年1月4日

「古い地球(=現在の地球)の5次元(根の国)からは、みなさん新しい地球に移られたということでしたが、では根の国は今、どうなっているのでしょうか?」

『意識をする人がいなくなれば、〈空〉になります。だから何もなくスキッとしていますよ。もし現在の地球がそのまま自滅したとしても、運命を共にするような地球魂はすでに無いということです』

「リセットが起きなければ、〈新しい地球〉はどうなるのでしょうか?」

『それはそれで、こちらでできることをしていくと思います。まずは5~9次元の設定にするかもしれませんね。その方がずっと簡単なので、そこから始まるように思います。

今、私たちが〈あの世〉のまどろみの中で待機しているのは、地球の3次元からのみなさんを受け入れて、3次元も含めた地球ゲームを再開するのを待っている、という状況だからです。

その前に物質化を始めてしまうと、現在の地球からの方々がうまく移行できなくなりますし、いざリセットが起こった場合に、こちらの体系が出来あがってしまっていると、新たな11次元までの仕組みと折り合いが悪くなってしまう、ということがあります。

ですから、その可能性を見守りながら、ニュートラルな状態で待機しているということです』

▼〈この世の霊体〉と〈あの世の霊体〉

2019年12月30日

「今はまだ〈あの世の霊体〉のまま待機していらっしゃるようですが、〈この世の5次元の霊体〉と、どのように違うのでしょうか」

ナディア 『同じ5次元でも、〈この世の霊体〉と〈あの世の霊体〉とは、違うところが二つあります。

一つは、本体（直日）と霊体からなっているのは同じですが、その外側に皮膚があるかどうかが違っています。

この世の5次元で生活する場合は、皮膚によって（つまりそれがシールドとなって）、一人ずつの存在が、体としては分かれています。もちろん、精神的にはつながりがありますし、直日で意識を共有することもできますが、体は別だということです。

それに対して〈あの世の霊体〉は直日と霊体だけで、その外側の皮膚はまだありません。ですから、基本的にはワンネス状態でいる、ということになります。

もう一つは、〈この世の霊体〉になった場合は、プレート（＝シールド）についたヒモとして、5次元の物質として〈有る〉ことになり、時間観念もあるようになります。でも〈あの世の霊体〉としている場合は、プレートにヒモはつかないので、時間的観念もないのです。

そのようにプレートについた〈この世の霊体〉というのは、〈あの世の霊体〉と違って物質化していますので、皆さんがご存知の用語でいえば〈メンタル体（精神体）〉と言ってもいいのではないかと思います。エーテルやエクトプラズムからなるアストラル体よりも精妙で、魂と直結しているＢＯＤＹです』

２０２１年８月23日

「ところで、今、私たちが対話している天界の方々は、〈古い地球〉の天界におられるのですよね。でも、〈新しい地球〉ができた時に、根の国の住人だけでなく、精神界や天界にいた多くの方々もそちらに移った、という話も聞いていましたが…。そちらに移った方々と、今残っている天界の方々はどのように違うのでしょうか？」

『現在の地球の天界に残っている方々は、みなさんと〈天地の対話〉を続けて、何とか〈リセット・リスタート〉の使命を果たそうという方々のようです。そのため、５次元の天界にいるとは言っても、〈この世〉の皆さんと共に意識を７次元や９次元にまで拡張できる方々が多いということです。

それに対して、すでに〈新しい地球〉の５次元に移動した方々は、まさに５次元レベルの均一な層を形成しています。地球というのは、最初は各次元の波長に合うところから出発するのですが、次元を区切るシールドがあるために、その後たとえ波長が上がっても、リセットのタイミングでしか次元移動ができない、という仕組みになっています。

本来5次元の天界というのは、3次元の地上世界をサポートする役割があるのですが、今のように地上の人々がより高度な学びをアカシック・フィールドに書き込んでいくようになれば、天界の方々もそれを共に学びながら、天地のキャッチボールによって、7次元や9次元にまで意識を拡張していく、ということが可能になるのです。

現在の地球にいる天界の方々は、そのような可能性を秘めている老成した先輩として、最後の使命を共に果たしているということです』

▼3〜7次元のリンゴから3〜9次元のメロンへ

2021年6月20日

［対話記録］

「地球の第1層にあった根の国は〈この世の5次元〉であり、天界は〈あの世の5次元〉だと言われてきたが、リスタートではその根の国が躍り出て〈新しい地球〉ができたということだった。しかし、その後の〈新しい地球〉からのメッセージによれば、今は待機状態にあり、まだぼんやりとワンネスの中にいる、ということだった。

結局、その〈新しい地球〉は〈あの世〉にできたものなので、アセンションを目指していた方々が思っていたように、生きたまま3次元の地球から5次元の地球へと次元上昇するのとは違うのだろう。

〈リセット・リスタート〉の文脈では、常に〈破壊と創成〉、〈消滅と生成〉と抱き合わせになるので、人間も〈この世〉で一旦死んで〈新しい世界〉で蘇る、という話だった。ただし、3次元の場合は精神界で待機していて、新しい地球の環境が整えば、またそこに再生していく、ということである。

そうであるなら、結局一瞬の〈リセット・リスタート〉が起きなかったとしても、すでに〈あの世〉のアカシック・レコードには、3～9次元に関する情報がすべて書き込まれているので、〈あの世〉にある〈新しい地球〉を〈この世〉のものとしていくのは、十分可能なのではないだろうか」

『今は、令和にできた〈新しい地球〉は〈あの世〉にあり、反物質で骨格の幾何学模様ができています。それは、3・5・7次元を単位とする地球（リンゴ）の設計図をアカシック・レコードに書き込み、〈この世〉の5次元の根の国にいた方々に、一旦〈あの世〉の5次元に移っていただいた状態です。

そうすれば、たとえ3次元の地球が自滅したとしても、再び〈この世〉の地球を創ることができ、それが〈リセット・リスタート〉が起こらなかった場合の保険として〈あの世〉で待機している、ということです。

一般的な星のアセンションの場合は、〈この世〉での3次元から5次元への上昇がスムーズにいくのですが、地球はシールドやアストラル界があることによって、〈リセット・リスタート〉によって、それらを解除・刷新してからでないと、〈この世〉の5次元世界に移行するのは難しかったのです。

そして、〈リセット・リスタート〉の可能性は常に五分五分であるために、まずは〈あの世〉に〈新しい地球〉を創っておくことによって、リスタートの準備をしていた、という次第です。

そこは反物質でできているので、今は素粒子のように意識した瞬間だけあり、まだ確固とした物質ではない、ワンネスの意識状態で待機している、という状況です』

２０２１年６月21日
６月28日に、久しぶりにサラ・プロジェクトのメンバーが伊勢に集まることになり、その前にということで、６月19日にこのシリーズ２をまとめ終わったところで、次のようなビジョンが浮かびました。

［対話記録］

「今朝また覚醒したまま夜明けを迎えた時に、明確なビジョンが浮かんだ。胸の中心あたりにブラックホールができて、すべてのものが渦巻きながらその中に飲み込まれていく映像が浮かんだあとで、その中心の〈10次元の直日〉に達すると、その瞬間にすべての直日がその一点に集まったが、その次の瞬間にねじれて、くるんと同じ方向にひっくり返って、元の9次元の宇宙泡を包み込むような形で、新たな11次元とそれを囲む12次元の膜とができた。

10次元の直日（ゼロ点）を超えたら「くるんとひっくり返って」という言葉が、メッセージの中で何回も言われてきたが、今一つそのイメージがわかなかったものが、このビジョンによって「ああ、こういうことだったのか」と実感を伴って分かった。

その時に、11次元の新たな宇宙泡の中に清華さんはいる感じがしたが、私はもはやその中にはいなくて、外側から見ている感じだった。そして、『天の法則・地の法則』の中で死後体験として書いていたような、漆黒の闇に戻っているような気がした」（注3）

『観念というのはすごいもので、実際には何もないにも関わらず、その観念によって次元、時空間、個我を創り出しています。さらに各人の観念もそれぞれ多様で、一度できたものはそうそう変わりません。

その観念を一つずつ手放していくことが、意識範囲を広げ、アクセスする次元をあげていくことになるというのは、本当にそうなのです。

今回、直子さんが「何もない漆黒の闇」と思ったのは、それらの観念をすべて手放した、ということなのではないでしょうか』

その一方で、清華さんの方には次のようなビジョンが、ほぼ同時に浮かんでいたとのことです。

2021年6月21日朝

〈ビジョン〉マスクメロンのような網目のある球体が見え、その表面に電気が通って光っているように見える。それは脳のシナプスに電流が流れているようでもあり、宇宙から地球を見た時の雷の明滅のようでもあると思った。

メロンは外側の網目部分は電気（光）の通り道としてあり、中身部分は透明な霊的世界のように見えている。（※写真323ページ）

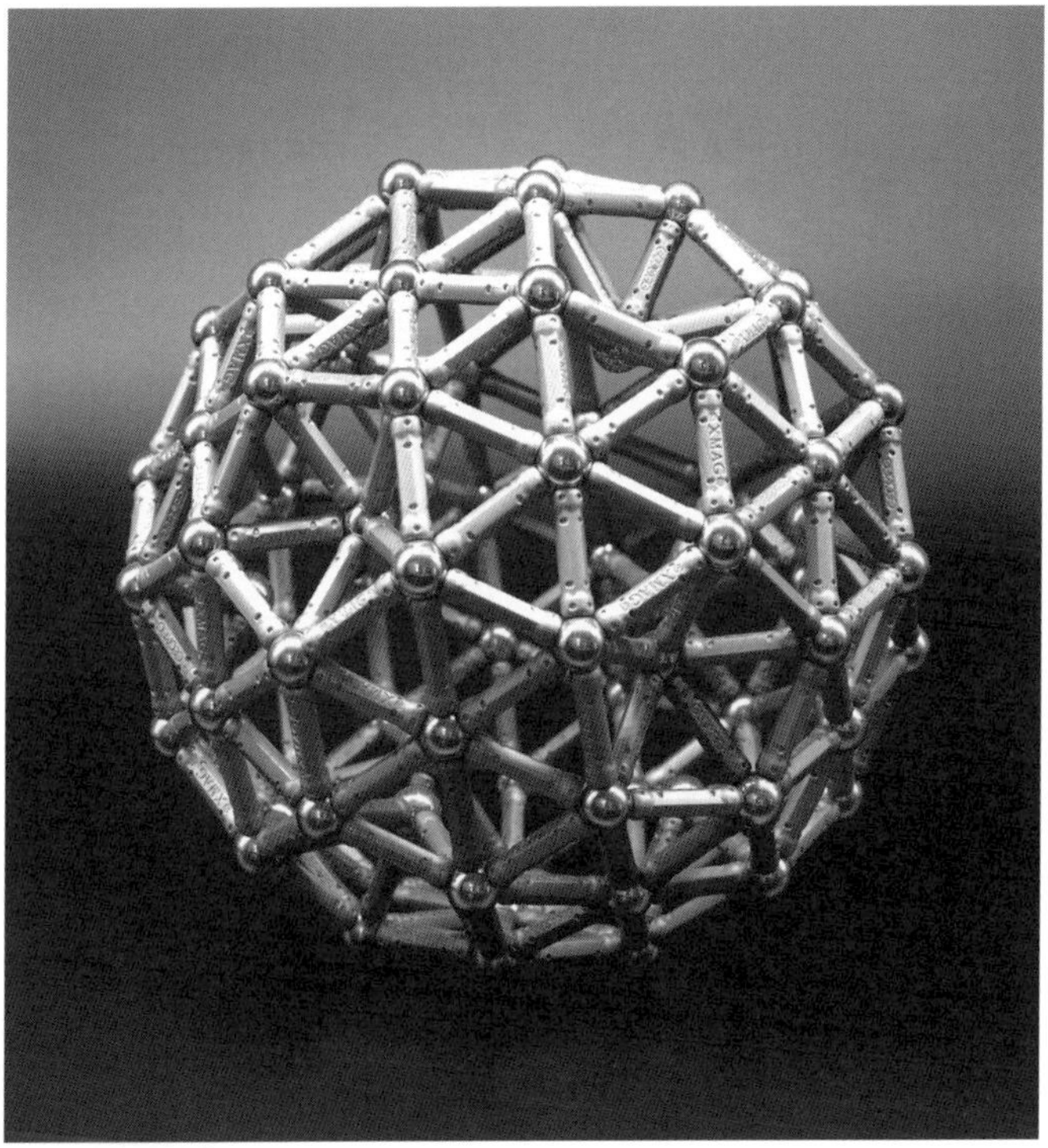

9次元のメロンの模型

『今回は3〜7次元のリンゴでしたが、次回は3〜9次元のメロンを作る予定です』

2021年7月23日

「オリンピックが開会しました」

『本来は〈今〉しかないので、いつまでという期限はないのですが、3次元的な時間軸の中では〝いつまでに〟という目標があると、思わぬ馬力が出てくるものですね。
前に〝平成内のリセット〟と言っていた時もそうでしたが、今回の〝東京オリンピックまでに〟ということについても、その前の追い上げはなかなかのパワーだったと思います。みなさん、お疲れ様でした』

今までぼんやりしていた〈新しい地球〉が、はっきりとした感じで目の前にビジョンとして浮かぶ。そこで、以下のように聞いてみる。

「今回は、その追い上げによって、何か達成されたのでしょうか？」

『〈あの世〉で待機していた3～7次元の〈新しい地球〉は、よりはっきりとした輪郭を持って3～9次元の〈メロン〉になったのではないでしょうか。

〈リセット・リスタート〉が起ったらそうなるのではなく、今、明確なビジョンとして、みなさんの思念の向け先があるというのは、とても大事なことなのです』

２０２１年8月4日

［対話記録］

「地球ゲームは、常に五分五分と言われてきたが、結局、今の状況をまとめると、以下のようになるのではないだろうか。

① シリーズ1に書かれていた内容が、より多くの人々に理解されて、９次元にまで意識を拡大できる人数が必要最低限集まったならば、９次元から11次元へと拡大するような〈リセット・リスタート〉が起こる。その場合は、一瞬にして起こり、すべての魂が〈新しい宇宙泡〉に移行することになるのだろう。

② それが起きなかった場合は、〈あの世〉の〈新しい地球〉が起動して、〈この世〉で次々と起こる大災害によって死んだ人々の、新たな受け皿となる。ただしその場合は、第1層にまで

意識が届いている＝「死んでも魂は残る」と思っている人だけに限られ、「死んだら終わりで無になる」と思っている人は、〈古い地球〉と運命を共にして消滅することになるのだろう。
③〈この世〉の人は、いずれにしろ、いつか死ぬ運命にあるが、このストーリーに従えば、死後の世界も『意識すればあり、意識しなければない』ということなので、そこに行くかどうかは、それぞれの意識の持ち方次第ということになるのだろう。
④①と②のどちらの場合も、〈新しい地球〉が次の地球圏となり、しかも3～7次元の〈リンゴ〉から3～9次元の〈メロン〉になる、ということであろう。

以上のような推測でいいかどうか、そして何か修正点や追加点などがあるかどうかを、メッセージで聞いてみて下さい」

2021年8月5日
『これまで〈リセット・リスタート〉のストーリーがどんどん変わってきたのは、
（1）次元を上げる毎に意味合いが変わる（301ページ参照）
（2）地球環境の悪化スピードとの兼ね合い
（3）集合意識との兼ね合い（※3次元は78億人、5次元は14万4000人、7次元は1000人、9次元は16人の人によって、必要最低限の〈集合意識〉が形成される、と言われてきた）という三つの理由があげられ、その時々で臨機応変に〈今〉に対応したストーリーに微調整されるからです。

そのように、〈今〉の状況に応じてストーリーが微妙に変わっていくのは、それぞれの次元に応じた集合意識を形成する人々が、同じビジョンを思い描くことによって、その実現性が高くなるようにするためです。3次元の地球というのは、とにかく明確に言語化することによって、そのビジョンを共有した人々が集合意識を形成する、という特徴があるからです。

以上のことからするならば、今回の変更は（2）と（3）によるものでした。（2）の地球の様々な大災害が起こる時期が、かなり差し迫ってきている中で、（3）を考えるならば、9次元から11次元への〈リセット・リスタート〉に必要な集合意識が集まる見込みが薄い一方で、3・5次元レベルで〈新しい地球〉をイメージできる人々が増えていることによって、〈新しい地球〉を起動させるストーリーが浮上してきた、ということです。

また、オリンピック前に、それにつながるようなシリーズ2とシリーズ3の骨格が出来たことによって、3～9次元に拡大した〈新しい地球〉を起動する準備も整った、という背景もありました。

その具体的な方法は、あの世でまどろんでいた〈新しい地球〉をこの世化していき、逆にこの世の〈古い地球〉をあの世化していく、つまり〈あの世〉と〈この世〉をひっくり返すというものです。そうすれば、対話記録の②でまとめていただいたように、〈新しい地球〉は、死んだ人々が移行していくための新たな受け皿となります。

まだ〈あの世〉にある〈新しい地球〉は、実体としては希薄であっても、それを思念（イメージ）する人々が増えるにつれて、より具体的な住処となっていくはずです。そして自分はその〈新しい地球〉に行くのだと明確に意識をしていれば、死後の魂の移行もスムーズになるのではないでしょうか。

その一方で、〈この世〉が消滅していくのは簡単で、この世で意識を向ける人々がいなくなれば(＝大災害などでほとんどの人が亡くれば)、現象界としては消えてしまいます。〈人間原理〉とはそういうことで、「我思うゆえに我あり、我〈古い地球〉を思うゆえに〈古い地球〉あり」で、〈古い地球〉にいる人がいなくなれば、それ自体消えてしまうということです（※アストラル界も『人間の感情や観念が作り出しているあぶくのような存在』と言われてきたので、それと共に消滅する）。なぜなら、〈この世〉は人間の脳に映し出されていたホログラム（夢）に過ぎないからです。

そもそも地球というのは、次元を区切るシールドがあるために、最終的には11次元への〈リセット・リスタート〉も可能なのですが、その代わり他の惑星のように、生きたままアセンションをする、ということはできません。

唯一〈死ぬ〉という過程を経ることで、∞マークのように一旦くるんとひっくり返って(ひねりを加えて)、〈あの世〉と〈この世〉を反転させることができる、という特殊な構造になっているのです。

そして、そのルートを通って亡くなる人が増えていくにつれて、その反転エネルギーはより増えていき、最終的に〈あの世〉と〈この世〉がひっくり返る、ともいえそうです。

ということで、サラ・チームの皆さんが討議してくださったように、今は①の11次元へのリセット・リスタートと、②のあの世とこの世の反転:新しい地球の目覚めの、二つの可能性があるという状況です。

そしてどちらになろうとも、①は一瞬で全員が移行する、②はジワジワと一人ずつ亡くなった人が移行するという、時間的な違いに過ぎません。どちらにしろ、第1層にまで意識が達している(=魂の存続を信じている)方々は、死後は〈新しい地球〉に移行することになる、ということです。

しかもその〈新しい地球〉は、これまで3~7次元の〈リンゴ〉と言われていたものよりも、より複雑で見事、かつ美しい3~9次元の〈メロン〉になっていますから、その中のそれぞれの境涯に合う次元に意識を向けて、死後は移行していただければと思います。

もし無事に〈新しい地球〉に行かれたなら、それぞれの個性を生かして、私たちと共に創生メンバーとして貢献をしていただければ、なお幸いに思います』

▼〈新しい地球〉の起動

その後、急速に〈新しい地球〉が起動して、この世化していくためのプロジェクトが始まったようです。また、268ページで伝えられていたように、古い地球と新しい地球が3次元の直日を接点として別々にある状態から、今や古い地球は地上とアストラル界だけになり、天界以上は新しい地球の5次元以上と融合してきているような印象もあります。

そうした中で、次々と送られてくるメッセージを、次に一部抜粋してご紹介しましょう。

2021年8月31日

筆者の母『こちらは5次元の天界（＝ゆくゆくは7次元）にいますが、まるでNASAの宇宙ステーションのように、いろんなモニターがあり、それより上位次元からの指示を受けています。最後の大仕事はシールドを張ることのようです。科学者や設計士や計算している人など、慌ただしく起動に向けて準備がなされています。私はお茶を出して、みなさんを労っていますよ（笑）』

2021年9月2日

フォン・ノイマンさん（※原子爆弾やコンピューターの開発をした数学・物理学者）『慌ただしくなってきています。眠りの中、まどろみの中にいたところを、急遽「始動するぞ！」と掛け声がかかり、待機状態にあった皆が、それぞれできることをしはじめました。

自然に仕組みが動き出すのだろうとのんびりしていましたが、根本法則は自動的に働くとしても、具体的にどのようなメロンにするかは、私たちの裁量にゆだねられているようです。いろいろなシミュレーションや計算式まで、こちらで情報を集めながら組み立てているところです。

ですから、生前に身につけた特性をこちらでも創造的に発揮していくということで、皆のやる気も上がり、にぎわっています。私は、何だか原爆を作る時のマンハッタン計画に関わっている時を思い出しましたが、今度は善なる方向で平和利用できるよう、いろいろなエネルギーをプロジェクトで考えていこうと思っています。私は水素エネルギー開発担当なんです（笑）』

2021年9月14日

マリー・キュリーさん（※放射線の研究をした化学・物理学者）『3次元の世界で経済原理と科学が結びついたのは、研究費が降りることに科学者が流れるからでした。原爆などはそのよい例でしょう。つまり競争に勝つため、利益をあげるための研究にはお金がつき、本当に必要な平和利用するためのものには（それが利益を生まなければ）予算はほとんどつかないのです。そのため、経済発展の笠下に科学が入ってしまったということなのでしょう。

やはりあの時代の分岐点において、科学者も相当日和った人は多かったのですが、その失敗体験を胸に、今こちら（新しい地球）にいる科学者たちは、その力をいかんなく発揮しています。

競争ではなく協調で、私利私欲ではなく利他で、野望ではなく愛で、万能感ではなく無知の知で、それぞれのテーマに真摯に挑んでいます。科学とは、叡智・法則を解明していくことによって、神に近づいていく分野であり、その法則を応用して神の御業を皆で分かち合うためのものなのです』

2021年9月25日

スティーブン・ホーキングさん（※理論物理学者。筋萎縮性側索硬化症になり「車いすの科学者」と呼ばれていた）『いやぁ〜、こちらでは霊体があって最高です。もう車いすの科学者ではなく、あちこち走り回っていますよ（笑）。私は地上時代、肉体的快感はほとんど皆無でしたが、ドーパミンは好奇心で探究していくほどに出てくるものなので、それが快感だったのだなと思います。霊体脳にも、ドーパミンのように快感をもたらすものはあり、神とつながると喜びを感じるようになっています。だからこちらの5次元ではみな、いろんな方法で神とより深くつながることを喜びとし、その楽しみ方の幅も豊かに広げているのです。

みなさんの予想通りかもしれませんが（笑）、私はやはり3次元の続きのブラックホールの研究に毎日勤しんでいます。今はダークエネルギーとブラックホールの関係を探っているところです。

こちらではコンピューターのような機械は物質的にはないのですが、それは霊体脳自体が性能のよいコンピューターの役割をかなり担っているためです。地上でいうデータを集約しているインターネット上のクラウドがアカシック・レコードであり、そこに霊体脳は常時アクセスできる状態になっています。

ですから必要な情報はそこからダウンロードすればいいし、情報処理も早い。なおかつ他のところで研究している人の新たな発見も、すぐにメールが来るような感覚で霊体脳に飛び込んできます。そうやって皆の霊体脳をネットワークでつないで研究することも、こちらでの楽しみです。朝ご飯を作りながら、他の研究者と脳の中でテレパシーのように話しているということも日常茶飯事です。

もちろん、3次元でも、もはやスマホやパソコンからインターネットにつながって、みなで情報共有をしている状態だとは思いますが、その進化版が霊体脳だということです。ただし、こちらではネットに悪口を書き込んだり、スマホ依存になったりする人はいませんがね（笑）』

2021年9月26日
ヨハン・セバスチャン・バッハさん（※西洋音楽の基礎を構築した作曲家）『こちらでは、面白い連携を思い付いてやっています。まず、フォン・ノイマンさんが、水をエネルギーにする時の数式を書いてくれました。その数式をダ・ヴィンチさんが読み解いて、水の絵をたくさん描いているのです。渦や激流にはじまり、水素エネルギーが爆発する様子など、かなりリアルな絵です。そして、その絵を見て浮かんでくる音を、私が楽曲に仕上げるという流れです。

ノイマンさんは、ダ・ヴィンチさんの絵を見て、唸ります。「とにかく美しい」と言っています。そして「数式が絵に変換されるのは感動する。それこそ私たちでないとできないことだ」と興奮しておられました。「今度は違う数式を持ってくる！」と張り切っておられます。まるで遊びに夢中な子供のようです。

一方、ダ・ヴィンチさんも私の曲を聴きにきます。ソファーにもたれかかり、腕を組んで座って、じーっと目を閉じて聞いておられました。お気に召さなかったのかなと思うほど、微動だにしなかったのです。しかし最後には頬に涙がつたっていました。そして「宇宙のはじまりから終わりまでを、水と共に旅をした気分だった。素晴らしかった」と言ってくださったのです。

私は「やった！」と思って、ガッツポーズをしました。

こんなに楽しい連携はありません。数式はどんどん出てくるし、絵もどんどん描かれていきます。私もそれに追いつくぞとばかりに、その絵をどんどん音楽にしているところなのです』

直子　「数式→絵→音楽ということでしたが、数式→音楽→絵になることはないのでしょうか？　もし、逆の流れがないようでしたら、その理由もお聞かせ下さい」

バッハ　『宇宙界からの〈音〉と音楽は違うのですが、〈音〉の情報の中に数式や絵（ビジョン）は入っても、音楽は入りません。なぜなら、数式も絵も一瞬の〈今〉の中に、パッとそこに包含する情報を集約できますよね。

ところが音楽というのは、〈今〉の中に収めるということはせず、時間を伴った表現をむしろ得意としています。一音や一小節だけでは音楽とはいえず、何百小節を時間でつなげて作っていきますので、ダ・ヴィンチさんにも「宇宙のはじまりから終わりまでの水の流れ」という感想をいただいたように、その時間経過も含められることこそが音楽の特徴なのです。

そして、もし、「数式から直接音楽に」と言われたとしても、まずはその数式を私の頭の中でビジョンに変換してから、音楽にしていくと思います。ビジョンの方が、それだけ込められる情報量が多いからです。

しかし、数式→絵→音楽となってしまえば、その私が作った音楽を題材に、例えばラファエロさんがそれをまた絵にする、そのラファエロさんの絵を題材にショパンさんがそれをまた音楽に変換する、ということはもちろんありますね。それは5次元レベル同士の変換なので、その場合はどちらの方向もありえるのですが、7次元以上から来る数式を、5次元の表現媒体に変換する時は、まずはビジョン（絵）である、ということです』

2021年10月6日

アンネ・フランクさん（※ユダヤ人迫害を受け隠れ家で暮らした日々を綴った『アンネの日記』著者）『現実が自分の思うようにはならなくても、その苦しさや恐れに飲み込まれるか、それとも魂の光に意識を向けられるかは、自分が選べる。それが選択の自由なのよね。

でも、人間は弱さも多分に持っているから、その弱さに飲み込まれないために、私は日記を書いていたと思う。書くというのは不思議な効果があるんですよね。頭の中で考えている時よりも、それを言葉に書き出すことで、俯瞰して現状を見られるようになるの。

たぶん魂というのはいつも自分を俯瞰して見ているから、書くことでその魂の目線を取り戻せるということじゃないかな。そして、書き始めると頭で思っていた以上の展開が、ひらめきとしてわいてくる。天とつながるって、ひらめきを受け取ることでもあるでしょう？ひらめきって、ステキ。どんなに落ち込んでいても、パッと視界が開けるし、心が軽くなる。そのひらめきは、自分で思い付いたことじゃなくて、神の声。天からのギフト。それは愛なんだよね。

天からはいつもひらめきを送っているのよ。私は〈新しい地球〉に来たけれど、今の地球の人を助ける仕事をしている。それはひらめきを送ること。恐怖の中に引きずり込まれて困っている人に、パッと明るいひらめきを送るの。そうするとその人は、魂の光を取り戻す。

私たちは、ひらめきをいつも送っているから、みなさんそれを受け取ってね。心を開いて、意識を向ければ、いつでも受け取れるようになっているんだから』

２０２１年９月８日

ジョン・レノンさん（※元ビートルズのシンガー・ソング・ライター）『僕は、わりあい若い時に突然亡くなったけど、こっち（あの世）に来てしまえば、何であんなに死を怖がっていたのだろうか、と思うよ。「死は人生の終わりで、不幸なことだ」という観念が、おそらく人類の最も滑稽で、見当違いの観念なんだろうね。

フラットに死を見てみると、単なる〈移動〉にすぎないんだよ。肉体を脱いで、霊体で〈新しい地球〉に移動する。もしくは元いた星に帰る、というだけなんだからね。しかも神はうまく設計していて、死ぬ時は痛みを緩和するホルモンが一気に分泌されて、苦しさもほとんど感じないようになっているんだ。

ネイティブアメリカンや古来の人々が、死を恐れていなかったのは、死とはそういうものなんだと分かっていたからだろうね。そんなふうに無駄に生きることにしがみつかなかったら、スムーズに死ねるらしい。

だから、「〈新しい地球〉にみんなで行こう！」とアピールする時は、死は怖くないということも付け加えてね。臨死体験のインタビューでも、死ぬ時の苦しみを強調する人なんていなかったはず。みんな、気付いたら〈あの世〉に足を踏み入れていて、死にかかっている自分を天井から見てる、というくらいなんだから。

そして、死はまた新たなはじまりで、特に今回リニューアルオープンする面白い展開の中にあるっていうんだから、なるべく早く死ぬチャンスをゲットできるといいね！』

（注3）内観研修の時に行った「死の体験」は、以下のような内容であった（『天の法則・地の法則　夫の末期がん一年一ヶ月の記録』。125～129ページ）
「まずは臨終を迎える場面。「あと、残された時間は三〇分です。必要な人を呼んで最後の挨拶をしてくださ

い」というN先生の声が聞こえた。すると、すぐに成人した息子と娘らしき二人が横に見えた。死や別れの悲しさはなく、むしろ故郷に戻ることを心待ちにしている感じだった。

十五分前、五分前というN先生の声が聞こえて、いよいよ臨終となった。続いて「お迎えが見えてきましたね。その人の後に付いていってください」と言われた。しかし、誰も迎えには来ない。N先生はさらに続けて「小川が見えてきましたね」とか「草原の向こうに森が見えます」など、今まで多くの本で読んできたなじみの光景が次々と示された。しかし、私の前には、一向にそのような景色も現れて来なかったのだ。どうしたものかと思っていたら、昨日見た光のチューブのようなものが突然目の前に現れた。いつの間にかその中に吸い込まれると、そこは前日と同じような光のトンネルになっていた。それはクネクネとどこまでも続いていて、その中をまたものすごいスピードで進み、私はそれに身を任せているしかなかった。たどり着く先は、一体どんなところなのか。これまで本で読んだような、光の国が終着点なのだろうか。あれこれ考えながら、ただその光の中を猛スピードで進んでいくのに身を任せていたのだが、しばらくするとまったく思いがけなく、突然ポーンと宇宙空間の中に放り出された。

そこは誰もいない、静寂な、無の世界だった。それにもかかわらず、孤独感はまったくなかった。むしろ、えもいわれぬ感動で涙が溢れてきた。それにしてもこれからどうなっていくのか。そう思っていると、今度はその宇宙空間を当て所なく遊泳していくようなイメージが続いた。光の線の向こうに一つの星が見えて、次はあそこに行くのかなと思ったが、どうもそれは今出てきたばかりの地球のようだった。まさに、地球にへその緒のようなものが付いていて、そこから出てきたように感じた。やがて、そこからもどんどん離れて、無限の宇宙空間の星々の間をさまよっていた。一体どこまで行くのだろうかと思っていたが、そのうちふと気が付くと宇宙のある一定の場に留まっている自分に気付いた。見上げると、上から虹色の光の束が降り注いでいて、それがまた足下から流れ出ていた。それによって全宇宙とつながっているという感覚もあった。

そのときまた、N先生の声が聞こえてきた。

「水晶の家に入ったら、その中に誰かが見えます。その人に名前を聞いてみてください。そして、何か聞きたいことがあったら質問してみてください」

私の周りには水晶の家はなかった。しかし、私が立っていた光線の右側に弥勒菩薩《みろくぼさつ》の半加思惟像《はんかしいぞう》らしきシルエットが浮かび上がった。しかも、その像は広隆寺の弥勒菩薩ではなく中宮寺の弥勒菩薩なのだ。それまで美術書で見ていた限りは、私は広隆寺の方を好んでいたので、それも不思議だった。そこで何かを質問したはずだが、その像は例の微笑みを浮かべたまま黙っていた。やがて「もうそろそろ戻りましょう」というN先生の声が聞こえると、私はまた宇宙を逆戻りして、光のチューブに入って後進するうちに、足下に大きな地球が見えてきた。そして、ふと気がつくと畳の上に横たわっている自分に戻っていた。

この〈死の体験〉には、後日談があった。N先生から、このとき向こうの世界でお会いした方があなたの指導霊なので、今後何かあったときにはその指導霊にお伺いを立てればいい、と教えられていた。ある日、職場に向かうためにたいへん混雑した電車に乗っていたときに、ひどい疲れと不眠もあって気分が悪くなり、パニック状態に陥りそうになった。ここでパニックになっては困る！　そう思ったときに浮かんだのが、N先生のあの言葉だった。なぜかあのとき現れたのは中宮寺の弥勒菩薩だったので、それをできるだけ鮮明に思い出しながら、その像に向かって「どうしたらいいでしょうか？」と尋ねた。そうしたら、その弥勒菩薩は例の笑みを浮かべながら、何と〝Let it be!〟と言ったのだ。あまりに思いがけない言葉に、私は一人笑ってしまった。いやはや、弥勒菩薩が英語で答えるとは…。しかし、そのときの私には、それが最も正しい答だった。そして、そのパニックは無事収まった」

おわりに

この本の初稿を書き終えた翌朝目覚めたときに、「あそこに書かれていた6つの言葉は、何だっただろうか？」と急に気になって、『サム・メッセージ　２０１５年1月28日〜12月18日』という小冊子を久しぶりに開いてみました。

以下は、清華さんのビジョンとして書かれていたものでした。

２０１５年2月4日

〈ビジョン〉『数日前から、空にチャックが現れ、開いたり閉じたりしていた。そのチャックは空を真っ二つに引き裂くほど大きく、開くとまばゆい光が隙間から差し込んできていた。

今朝はチャックで空の一部が開閉するのではなく、空全体が瓦礫《がれき》のように落ちてきて、その向こうには、まるで天界のような白い霧の世界があった。

そしてそこには、その崩れた空を埋め尽くすほどの大きさの、大仏のような、釈迦のような東洋顔の人が、金色の光を放っていて、私をのぞき込んでいた。その方は砕け落ちる空の瓦礫から私を拾いあげ、手の平にのせてくれた。その人に比べれば、私はまるで蟻んこほどの小ささになっていて、自分が小さいのか、それともその方が大きいのか分からなかった。

その方は、私を手の平にのせたまま歩き出した。しばらく行くと、エホバやらキリストやら西洋顔の方たちもいるところにたどりつき、その方たちもまた釈迦と同じくらいの大きさであった。蟻んこの私は、巨人に囲まれた小人のようであった。

彼らは再会の握手をし、円卓に座った。6人ほどいるだろうか。皆で話し合いがはじまる。私は机の上にちょこんと乗せてもらい、ノートとペンを持って内容を記録しようとしたが、声は聞こえない。すると釈迦が「声はいらないんだよ」という。見上げると円卓の真ん中に、皆が見える映像が映っている。

占い師がみる水晶のような球体の全方向スクリーンは、霧のような素材からできていて、何かが映っているようだった。モヤがかかってよく見えないが、円卓に座るそれぞれが持ち寄ったアイテムのイメージを、その球体の中に投じている。

石、剣、しめ縄、鏡、鳥の羽、水・・・。それらは、信念、勇気、協調、自省、自由、変容を象徴するものであった。球体の中で風に回され、いつのまにかそれらはダビデマーク（✡）に変わり、円卓の真ん中にすっと降りて行った。

覗くと、円卓の真ん中は、半透明に透けていて、地球が見える。✡マークはゆっくりと降りていき、伊勢に、まるで水のしずくのように落ちた。その水の波紋は、地球全体へと広がっていった』

以上の六つが何だったかを忘れていたもので、当然〈愛〉と〈叡智〉は入っているものと思い、その二つを象徴するものは何だったのか。そして、残りの四つは何だったのかを調べようと思い、その小冊子を久々に開いたわけです。そうしたら、当然入っていると思っていた〈愛〉と〈叡智〉はなく、今回降ろされていたのは、信念、勇気、協調、自省、自由、変容であったと知って、とても意外に思いました。

しかし、そうだとするならば、今回の地球ゲームは、この〈愛〉と〈叡智〉をめぐるゲームであった、ということになります。そう考えると、地球の現状がこうあることも、私たちが重ねてきた横軸対話のテーマもそこにあったこともよく分かりました。

特に「暴走する好奇心」と言われてきた私のテーマは〈叡智〉、困難な家庭環境で育ってきた清華さんのテーマは〈愛〉、そのように考えれば、それぞれ「なるほど」と思ったものです。

しかも、オリンピックを前にして久しぶりに集まったサラ・プロジェクト・メンバー8人が、今生の自分のテーマを選んでもらったところ、信念・勇気・協調・自省・自由・変容、それに愛・叡智を、見事に網羅《もうら》していたことが分かりました。

それにしても、なぜこの8〜12名という少人数の〈魔女軍団〉が、シールド突破という大役を果たしてきたのかと、不思議に思って次のような質問をしてみました。

うか？」

2021年4月15日

「9次元のアカシック・フィールドに、最新の情報を書き込むのは先進的な科学者の方々の役割だったとして、各シールド突破の儀式を行ったのは、なぜ私たち魔女軍団だったのでしょうか？」

『アカシック・フィールドに情報を書き込み、ブラックホールにその統合されたエッセンスや法則を張り付けるのは、科学者を筆頭に肉体脳優位の方々がされてきました。なぜならアカシック・フィールドに書き込めるのは、言葉や数式によって明確にされた情報であり、それは時間をかけた情報の蓄積と統合によってのみ可能だったからです。

一方、霊媒の方々は霊体脳をメインに直観で情報を得ていますが、その霊体脳の情報とは、科学者の肉体脳の〈粒子〉に相対する、〈反粒子〉でできています。そのように反転現象が起きるので、肉体脳から見ると直日は黒点（ブラックホール）ですが、霊体脳から見ると同じ直日でも、それは反転して白点（ホワイトホール）となるのです。

そのように、科学者と霊能者、肉体脳と霊体脳、粒子と反粒子、ブラックホールとホワイトホールという、打ち消し合う両者が合わさることでリセットは起こるようになっています。リセットとは〈ゼロにすること〉でもあり、4・6・8・10次元の各シールド突破の儀式とは、肉体脳で書きこまれた情報を、霊能者の霊体脳による情報でゼロ化していく必要があった、というわけです。

以上は、9次元的な見地からの理論的説明ですが、もう少し現実的なところで語るならば、「リセットのため」という到底信じがたい怪しい儀式に（笑）、純粋な動機で参加するには、それだけの霊的な直観力が働かなければ、難しかったのではないでしょうか。

そして、〈感応力〉という意味でも霊能は役立っていました。時間をかけて構築していかなければならない肉体脳と違い、その時の〈今〉だけでも、霊体脳で感応すればよいので、霊能者としての瞬発力が生かされていたといえます。

その上、名もない女性のグループだからこそ、お互いの特性を生かし合って、それぞれにアートや祈りを捧げられたともいえますし、その中でも第1層の荒魂のパワーが強い皆さんのエネルギーは、各次元の扉を押し開いていく、という意味でも必要でした。

このように、シールド突破の儀式の参加者は、誰でも良かったわけではなく、霊体脳優位で、霊的直観と感応力にすぐれた女性の魔女軍団の皆さんだからこそ、重要な役割を果たしていただけた、といえるのです』

さて、〈天地の対話〉によるサラ・プロジェクトが描いてきた神話物語、いかがでしたでしょうか？

本当に〈新しい地球〉が待っているのかどうかは、確かに死んでみなければ分からないのですが、この神話のメインテーマは「それぞれの〈意識〉が、この世界を作っている」ということです。皆さんも「今度はこういう地球になってほしい」という理想のビジョンを、共に描いてみませんか？

サラ・プロジェクト代表　三上直子

サラチーム紹介 ……………………………………………………………

三上(三沢) 直子 — 審神者

1951年生まれ。早稲田大学大学院博士課程修了、文学博士（心理学）。臨床心理士として病院や相談室で働く一方、1999年からは地域における子育て支援活動のためのNPO法人コミュニティ・カウンセリング・センターを運営してきた。2002 ～ 2007年は明治大学心理社会学科教授。現在は、伊勢で出版および〈魂の対話〉などを行うサラ企画を運営。著書：『お母さんのカウンセリング・ルーム』、『S-HTP法　統合型HTP法による臨床的・発達的アプローチ』、『“則天去私”という生き方　心理学からスピリチュアリズムへ』、『死の向こう側』、『「天地の対話」シリーズ1　あの世とこの世の仕組み』など。

山川 蓮(清華) — 霊媒

1976年生まれ。同志社大学経済学部卒業。1999年～ 2001年まで東京の出版社で編集者として働いた後、2002年～ 2008年まで講演会などの企画会社を経営。2008年に伊勢神宮を参拝し霊的覚醒をし、翌年伊勢に移住。2012年から〈天地の対話〉がはじまる。2016年からはサラ企画のスタッフとして働き、〈魂の対話〉にも参加している。霊媒として受信したものとして『サラ・メッセージ』『コナン・ドイルは語るリセットのシナリオ』などがある。

伊藤 友紀子 — サポーター

1982年生まれ。大阪教育大学教育学部卒業。2005 ～ 2011年まで小学校教諭として現場で働く。2009年に出身地であった伊勢に戻る。2016年、サラ企画の事務スタッフとして関わる中で、霊的覚醒をし、〈天地の対話〉が始まった。〈魂の対話〉にも参加している。

※〈天地の対話〉と〈魂の対話〉を続けてきたこの世とあの世のメンバーの総称が「サラ・プロジェクト」、その実務を担ってきたのが「サラ企画」、それらを中核で担ってきたメンバー3人を「サラチーム」と呼んできた。

サラ企画ホームページ　https://sara-project.jp

アセンションから
リセット・リスタートへ
〈天地の対話〉による10年間の挑戦

●

2021年12月19日　初版発行

著者／三上直子

装幀・本文デザイン・DTP／Dogs Inc.

発行者／今井博揮

発行所／株式会社 ナチュラルスピリット

〒101-0051 東京都千代田区神田神保町3-2 高橋ビル2階
TEL 03-6450-5938　FAX 03-6450-5978
info@naturalspirit.co.jp
https://www.naturalspirit.co.jp/

印刷所／創栄図書印刷株式会社

ISBN978-4-86451-389-0 C0010

●新しい時代の意識をひらく、ナチュラルスピリットの本

よひとやむみな
穂乃子 著
超弩級の神示！　これから起こる大災害と大混乱を前に、『日月神示』を元に、今とこれから必要なこと、御魂磨きの方法を伝える。
定価 本体二七〇〇円＋税

霊視の人　仏事編
梨岡京美が見た霊と仏事の真実
不二龍彦 著
当代屈指の霊能者、梨岡京美。その過酷で劇的な半生と、彼女自身がどうしても伝えておきたい「霊や神仏との付き合い方」を紹介。
定価 本体一四〇〇円＋税

光と影のやさしいお話
山田 征 著
環境活動家の著者の元にイエス、マリア、天使たちが現れ、始まった自動書記。30年前に自費出版され読み継がれていた幻の名著が、今またよみがえる。
定価 本体一五〇〇円＋税

光の帯となって
山田 征 著
イエスやルシエル、ブッダのチャネリングを通して明らかになるこれからの生き方。聖人フランチェスコゆかりの地、アッシジのお話などを収録。
定価 本体一四〇〇円＋税

私は 愛する
山田 征 著
新しい地球へ、人類の変容のとき！　我、るしえる、あいあむあい、いえす、まりあ、仏陀、ふらんしすこ達からのメッセージ（未公開ノートより）。
定価 本体一七〇〇円＋税

魂の実践
いろいろやってきたけど、難しかった人へ
ギャッチ郁子 著
「魂の実践」とは「生きること」。著者が実践してきたなかで気づいた30のお話。『波動の法則』の著者、足立育朗氏推薦！
定価 本体一五〇〇円＋税

全宇宙の大転換と人類の未来
２０３８年前後、集団アセンションが起こる！
並木良和 著
２０２２年以降のこと、全宇宙と人類に待ち受ける「集団アセンション」を初公開。高次元シフトを叶えるメビウスパワー入りチケット付！
定価 本体一八〇〇円＋税

お近くの書店、インターネット書店、および小社でお求めになれます。